Kohlhammer

Gisbert Rodewald
Alfons Rempe

Feuerlöschmittel

7., überarbeitete und erweiterte Auflage

Verlag W. Kohlhammer

7., überarbeitete und erweiterte Auflage 2005

Umschlag: Gestaltungskonzept Peter Horlacher
Umschlagbild: Jochen Thorns, Filderstadt
Gesamtherstellung:
W. Kohlhammer Druckerei GmbH + Co. KG, Stuttgart
Printed in Germany

ISBN 3-17-018492-X

Vorwort

Die moderne Brandschutzliteratur weist bisher nur wenige Veröffentlichungen auf, in denen die Feuerlöschmittel in ihrer Gesamtheit umfassend und eingehend behandelt werden. Da diese Darstellungen überwiegend von theoretischen Aspekten ausgehen und in ihrer wissenschaftlichen Orientierung und Diktion entsprechende Vorkenntnisse voraussetzen, mangelt es bisher an einer Darstellung, die auf die speziellen Belange des Brandschutzpraktikers zugeschnitten ist. Diese Lücke soll das vorliegende Werk schließen.

Die Verfasser haben es sich zur Aufgabe gemacht, dem Brandschutzpraktiker ein umfassendes Bild des heutigen Wissensstandes über die verschiedenen Feuerlöschmittel, ihre Eigenschaften und Wirkungsweise sowie über die Möglichkeiten und Grenzen ihrer praktischen Anwendung zu vermitteln. Der Zielsetzung dieses Buches entsprechend sind die Erkenntnisse und Erfahrungen aus der Praxis besonders berücksichtigt worden, wobei auch die Gefahren und Misserfolge, die sich bei falscher und unsachgemäßer Anwendung der Löschmittel ergeben können, deutlich herausgestellt werden.

Soweit es zum tieferen Verständnis der komplizierten Vorgänge beim Löschen erforderlich erschien, sind auch die entsprechenden theoretischen Grundlagen erläutert worden. Dabei haben sich die Verfasser bemüht, die theoretischen Zusammenhänge in allgemeinverständlicher Form darzustellen, ohne besondere physikalisch-chemische Vorkenntnisse vorauszusetzen. Neuentwicklungen auf dem Löschmittelsektor sind im vorliegenden Buch enthalten, soweit sie bis 1990 bekannt geworden sind. Die Verfasser sind sich allerdings bewusst, dass das Entwicklungstempo gerade auf dem Löschmittelsektor der Aktualität gewisse Grenzen setzt. Sie werden daher die weitere Entwicklung sorgfältig verfolgen und zu gegebener Zeit entsprechende Ergänzungen vornehmen.

Möge dieses neue Buch allen im Brandschutz tätigen Praktikern ein willkommenes Nachschlagewerk, den jüngeren Feuerwehrkräften aber ein gutes Lehrbuch sein! Darüber hinaus soll es aber auch den technischen Mitarbeitern der Feuerversicherungen, den Sicherheitsingenieuren der Industrie, den Beamten der Gewerbeaufsicht und allen Personen, die mit Sicherheitsaufgaben betraut sind, nützliche Informationen bieten.

Die Verfasser

Vorwort zur 6. Auflage

Erwartungsgemäß hat sich das Halon-Verbot inzwischen so weit durchgesetzt, dass dieses Löschmittel bis auf wenige Ausnahmen nicht mehr zum Einsatz kommt. Ich habe daher die Ausführungen über Halone erheblich gekürzt, konnte mich aber noch nicht dazu entschließen, Halon gänzlich zu ignorieren. Im Bereich der EN-Normen für Feuerlöschmittel gibt es jetzt zwar einige Norm-Entwürfe, Entscheidendes hat sich hier jedoch noch nicht getan. Somit gelten also nach wie vor die DIN-Vorschriften der 14...-Reihe. Der schon seit einigen Jahren erkennbare Trend, mit Wassernebel zu löschen, hat sich erfreulicherweise fortgesetzt. Da das Löschen mit feinsten Wassertröpfchen durchaus auch im Sinne des Umweltschutzes liegt, ist zu erwarten und zu hoffen, dass dieses Löschverfahren kontinuierlich weiterentwickelt und ausgeweitet wird.

Alfons Rempe

Vorwort zur 7. Auflage

Das Fachbuch »Feuerlöschmittel« der beiden Autoren Dr. Kaufhold und Rempe ist im Jahr 1976 in erster Auflage erschienen. Die seither eingetretenen technischen Neuerungen wurden jeweils in den Neuauflagen des Buches berücksichtigt.

Diese bewährte Geflogenheit wird auch in der nun vorliegenden siebten Auflage fortgesetzt. Wichtige Neuerungen sind der optimale Einsatz von Wasser in Form von Wassernebel sowie die fortschrittlichen Entwicklungen im Bereich des Schaumlöschverfahrens. Die Bemühungen der einschlägigen Industrie, geeignete Ersatzmittel für nicht mehr zugelassene Halone zu finden, wurden weitgehend berücksichtigt. Außerdem wurden die verwendeten Maßeinheiten auf die nunmehr gesetzlich vorgesehenen berichtigt.

Dem bei den Feuerwehren besondere Aufmerksamkeit gewidmetem Umweltschutz wurde im Besonderen für den Einsatz von Löschpulver und Schaum Rechnung getragen.

Die Verfasser

Inhaltsverzeichnis

1 Allgemeines

1.1 Geschichtliche Entwicklung

Das Feuer, das nach dem schönen griechischen Mythos Prometheus den Göttern entwendet hat, ist der gewaltigste Hebel in der Kulturentwicklung gewesen. Das Feuer hat eigentlich den Menschen erst zum Menschen gemacht, und »was er bildet, was er schafft, das dankt er dieser Himmelskraft«! Aber auch hierbei werden wir wieder, wie so oft an die antike Vorstellung vom »Neide der Götter« erinnert, die dem Erdenbewohner »des Lebens ungemischte Freude« nicht gönnen. Denn das Feuer, diese Quelle aller unserer Kultur, ist nur zu oft auch der grimmigste Feind aller menschlichen Schöpfungen geworden.

»Doch furchtbar wird die Himmelskraft,
wenn sie der Fessel sich entrafft,
einhertritt auf der eignen Spur,
die freie Tochter der Natur!«

Ja gewiss, seit dem Augenblick, da der erste Mensch das Feuer in seinen Dienst zwang, hat auch »die freie Tochter der Natur« gegen diese Fesseln angekämpft und, wenn es ihr gelang sie abzustreifen, sich plötzlich aus dem getreuen Mitarbeiter des Menschen in dessen ärgsten Feind verwandelt und ihn zu hartem Kampf um sein Leben und seine Habe gezwungen. In den ersten Zeiten der Kulturentwicklung fiel dieser Kampf immer zum Nachteil des Menschen aus. Wenn die gierige Flamme erst einmal die kunstlosen, aus Schilf gebauten Hütten ergriffen hatte, dann blieb ihm nur die schleunige Flucht als einziges Mittel zur Rettung, und glücklich konnte sich preisen, wem es gelungen war, seine wenigen Waffen und Geräte mit sich zu nehmen. Als im Laufe der Zeit die Menschen anfingen, in geschlossenen Ortschaften zusammenzuwohnen, wurden die von Zeit zu Zeit auftretenden Feuersbrünste naturgemäß um so umfangreicher und zerstörender. Dass sich hieraus der Gedanke entwickelte, Schutzmaßregeln zu treffen, war eine selbstverständliche Notwendigkeit. Allein, von diesem Gedanken bis zu seiner Verwirklichung war ein weiter Weg. Es fehlte zunächst alles, was als wirksame Waffe im Kampf gegen das Element hätte gebraucht werden können, und erst eine viel spätere Epoche vermochte hier Wandel zu schaffen.

Über das Feuerlöschwesen der alten Kulturvölker Europas wissen wir außerordentlich wenig; einzig und allein von den Römern wird uns aus der Zeit um Christi Geburt genaueres über die Organisation der öffentlichen Löschanstalten berichtet. Der Kaiser Augustus stellte in der Hauptstadt, die 2 Millionen Einwohner zählte, 7 Kohorten Scharwächter auf, denen neben dem Sicherheitsdienst auch der Feuerschutz übertragen war. Jede Kohorte besaß einen »Siphonarius« (Spritzenmeister?) sowie »aquarii« (Wassermannschaften) und »buccinatores« (Hornisten).

Das Feuerlöschwesen des alten Roms war also, wie wir sehen, militärisch organisiert; das ist aber auch so ziemlich alles, was wir von ihm wissen. Mit welchen Geräten die Feuerwehr arbeitete, wie die Feuermeldung und Alarmierung erfolgte, darüber ist uns nichts Sicheres bekannt geworden. Leider enthalten auch die Ruinen von Pompeji, deren Wandgemälde so viel andere interessante Aufschlüsse über das Leben im Altertum bieten, nirgends Darstellungen der Feuerwehr.

Wirklich leistungsfähige Löschgeräte haben der römischen Feuerwehr wohl kaum zu Gebote gestanden. Allerdings sind einige Gelehrte der Meinung, dass die altrömische Feuerwehr bereits im Besitz von wirksamen Feuerspritzen gewesen sei; allein das auf uns überkommende literarische Material genügt keineswegs, um diese Ansicht schlüssig zu beweisen. So viel steht ja wohl fest, dass *Ktesibioszu* Alexandrien (etwa 250 v. Chr.) die Saug- und Druckpumpe erfunden und dass entweder er selbst oder sein Schüler *Heran* sie mit einem Windkessel versehen hat, ferner dass *Heran,* der auch die Beschreibung des Wenderohres nebst einer Anweisung zu dessen Gebrauch in Notfällen gibt, an die Verwendung seiner Maschine bei Bränden gedacht hat. Man hat zwar bei Ausgrabungen eines Römerlagers unweit der italienischen Stadt Civitavecchia eine Kolbenpumpe aus Bronze und ein weiteres Exemplar, das aus Blei und Holz gefertigt war, in der Nähe von Metz gefunden, aber es fehlt jede Bestätigung dafür, dass solche Maschinen damals tatsächlich für Löschzwecke benutzt worden sind.

Etwa ein Jahrtausend später begegnen wir auf deutschem Boden den Anfängen öffentlicher Feuerlöschanstalten, die aber nirgends eine Spur von Zusammenhang mit den altrömischen Einrichtungen erkennen lassen. Sind die Nachrichten hierüber auch etwas spärlich, so genügen sie immerhin, um uns ein zutreffendes Bild von der ersten Entstehung des öffentlichen Löschwesens in Deutschland zu machen. Seine Entwicklung fällt in die Zeit der aufblühenden Städte, von denen mehrere, wie Worms, Mainz, Köln usw., schon im 12. Jahrhundert eine recht ansehnliche Größe erreicht hatten. Freilich waren die Löschvorkehrungen, dem niedrigen Stande der Technik entsprechend, noch sehr mangelhaft und wohl kaum imstande, der Bürgerschaft besondere Beruhigung zu geben, um so weniger, als die Feuergefahr bei der Enge der Straßen und Höfe, dem vorherrschenden Holzbau, den Schindeldächern, den fehlenden Brandmauern, der Anhäufung von Waren aller Art und den höchst einfachen Heizungs- und Beleuchtungsanlagen überaus groß war. Verheerende Brände waren deshalb an der Tagesordnung, und wenn der Feuerruf erscholl, ging ein Schrecken durch alle Gemüter. So blieb naturgemäß das Bestreben ganz besonders darauf gerichtet, den Ausbruch von Feuersbrünsten möglichst zu verhindern, indem die sorgfältigste Aufsicht über Feuer und Licht den Bürgern zur Pflicht gemacht wurde und eine scharfe Kontrolle über die in der Stadt verkehrenden Fremden, denen man nicht immer recht trauen konnte, stattfand, während gleichzeitig damit das Streben nach Verbesserung des Bauwesens Hand in Hand ging.

Wie es in den Städten des Mittelalters in bezug auf hinreichenden Löschwasservorrat gestanden hat, lässt sich heute nicht mehr feststellen. Vielfach boten jedenfalls die fließenden Gewässer, die man schon mit Rücksicht auf die gewerbliche Verwendung in günstigster Verteilung durch die Städte zu leiten bestrebt war, Löschwasser in Fülle dar, wenngleich der Transport zur Brandstelle ohne Zweifel große Schwierigkeiten gemacht haben wird. Wasserleitungen von solcher Ergiebigkeit, dass sie für Brandfälle in Betracht hätten kommen können, waren jedenfalls nur selten vorhanden.

Bis in das 20. Jahrhundert hinein war das Wasser wohl das einzige Mittel, das weiten Kreisen zur Bekämpfung von Bränden bekannt war. Neu ist die Anwendung chemischer Mittel zur Bekämpfung des Feuers allerdings nicht. Im Gegenteil, schon das graueste Altertum liefert Berichte über deren erfolgreiche Anwendung. So hat schon *Äneas,* ein Lehrer der Kriegskunst, im 4. Jahrhundert vor Christus die Anwendung des Essigs angeraten; aufgrund seines Vorschlages wurde auch später noch das ständige Vorrätighalten des Essigs zu Löschzwecken empfohlen. Als *Mithridates VI.,* König von Pontus, im Jahre 83 vor Christus seinen Eroberungsfeldzug gegen Kleinasien und Griechenland unternahm, gelang es trotz wiederholter Versuche nicht, den größten Hinderungsgrund zur Einnahme von Piräus, einen hölzernen Belagerungsturm, in Brand zu stecken. *Archelaos* hatte nämlich den ganzen Turm mit Alaunlösung bestreichen lassen und ihn dadurch auf ganz moderne Art schwer entflammbar gemacht. Dasselbe Mittel, Alaun, wurde zum gleichen Zweck unter *Constantius* um die Mitte des 4. Jahrhunderts bei der Belagerung der mesopotamischen Stadt Bezobde durch die Perser mit demselben Erfolg angewendet. Dass überhaupt im Altertum und Mittelalter bereits eine erstaunliche Kenntnis von feuerlöschenden und feuerschützenden Substanzen vorhanden war, beweisen die schon seit der ältesten Vorzeit üblichen so genannten Gottesgerichte durch Tragen von glühenden Eisen oder durch Durchschreiten von Feuer und dergleichen. Hierbei suchte man Hände, Füße und Kleider durch Einreihen mit gewissen Substanzen vor dem Verbrennen zu schützen. Nach *Albertus Magnus* bestand eine Salbe, die für solche Zwecke dienlich war, aus Eiweiß, Schleim von Malven oder Eibisch, Samen des Flohkrauts, Kalk und Rettichsaft. Alle diese und ähnliche Stoffe dienen teils dazu, eine schützende Decke über die gefährdeten Körperteile oder Stoffe zu breiten, teils direkt die Wirkung des Feuers zu neutralisieren. Der Dreißigjährige Krieg mit seinem Sengen und Brennen lenkte naturgemäß erneut die Aufmerksamkeit auf das Auffinden von zur Verhütung von Brandschaden geeigneten Mitteln, und so ist festzustellen, dass seitdem deren Zahl in schnellem Aufgang begriffen ist. Schon im Kriege selbst wurden viele neue Mittel und neue Methoden angewendet, um die im Gefolge des Krieges auftretenden verheerenden Brände zu bekämpfen. Aus dieser Zeit stammen u. a. die Alauntöpfe, die in der Form tönerner Kugeln mit Alaun und Schießpulver gefüllt, vermittels der Strickumhüllung in das Feuer geworfen wurden und dort explodierten. Ja, es wurden sogar ganz neue Wurfmaschinen in getreuer Nachbildung der kriegerischen Katapulte und Ballisten konstruiert, um solche salzgeladenen Gefäße von weitem in die brennenden Objekte schleudern zu können.

Während des 18. Jahrhunderts sind dann verschiedene Feuerlöschpulver oder -mittel aufgetaucht, die alle unter sich und mit den heutigen eine gewisse Ähnlichkeit besitzen. So erfand im Jahre 1790 der schwedische Assessor *von Anken* zu Oerebro eine Komposition, die aus zwei Teilen trockener Töpfererde oder Lehm, zwei Teilen Englischrot, drei Teilen Alaun, vier Teilen Vitriol und etwa fünfzig Teilen Wasser bestand und anscheinend gute Wirkung getan hat. Ein ähnliches Pulver wurde von dem Apotheker *Nils Nyström* in Norrköping erfunden, ebenso von dem Pfarrer *Sickler* in Kleinahnern im Jahre 1794. Alle diese Mittel hatten als gemeinsame Bestandteile Lehm, Eisenoxid und Alaun, eventuell noch Eisenvitriol und Salz. Im 19. Jahrhundert sind nun zu den oben genannten noch mehrere Salze hinzugekommen, die man früher nicht kannte. Es ist selbstverständlich nicht möglich, alle derartigen Pulver hier aufzuführen, da auch zum Teil ihre Zusammensetzung nicht bekannt ist; es seien daher nur die Wichtigsten erwähnt.

Das *Martinsche Löschpulver* bestand aus 4 kg Chlornatrium, 1,35 kg Alaun und 8 kg Wasserglas auf 100 kg Wasser oder aus 2 kg wolframsaurem Natrium, 2 kg Alaun und 6 kg Chlornatrium auf 100 kg Wasser, das *Wiener Löschpulver aus 4* Teilen Eisenvitriol, 16 Teilen Ammonsulfat und 100 Teilen Wasser sowie *Mossbachs Feuerlöschmasse* aus 6 Teilen Steinsalz, 3 Teilen Alaun und 1 Teil Soda auf 2–300 Teilen Wasser. *Bauers Löschpulverbestand* aus etwa 15 Teilen Quarzsand, etwa 35 Teilen Glaubersalz und etwa 50 Teilen Kochsalz und *Müllers Löschmasse* aus 40 Teilen Ammoniakalaun, 10 Teilen Wasserglas, 15 Teilen Soda, 25 Teilen Salmiak und 10 Teilen Borax u. a.

Im Allgemeinen kehren also immer die gleichen oder ähnlichen Salze in den verschiedenen Löschpulvern wieder, mit vielleicht kleinen Abänderungen in der prozentualen Zusammensetzung und einigen nur selten verwendeten Substanzen, wie dem vanadinsauren Salz, dem phosphorsauren Natron usw. (siehe Bilder 1 bis 8).

Der Gedanke, chemische Salze und Substanzen dem Löschwasser beizumengen oder überhaupt chemische Prozesse anzuwenden, um einen wirksameren Löscheffekt zu erzielen als mit reinem Wasser allein, ist schon sehr alt und vielfach angewendet. Indessen sind alle die erwähnten Versuche nur ein blindes Herumtasten gewesen, ein auf einzelnen Erfahrungen basiertes planloses Herumsuchen, wobei freilich nicht ausgeblieben ist, dass durch Zufall bisweilen gewisse Erfolge erzielt wurden.

Bis in das 20. Jahrhundert hinein sah man das Gebiet des Brandschutzes fast nur von der praktischen Anwendung her. Eine intensive Forschung, insbesondere über die Wirkungen der Löschmittel und deren Eigenschaften, gibt es erst seit wenigen Jahren.

Das hohe Entwicklungstempo in Industrie und Forschung, dem einerseits der Brandschutz seinen heutigen technischen Entwicklungsstand verdankt, hat das Brandschutzwesen andererseits auch vor neue Aufgaben gestellt und mit neuen Problemen konfrontiert, die nur mit modernen Mitteln gelöst werden können.

Die neunziger Jahre dieses Jahrhunderts, die allenthalben gekennzeichnet sind von der Furcht der Menschen vor den Gefahren, die Hightech, unbeschränkter Energieverbrauch, Kernkraft und industrielles Wachstum mit sich bringen, stellen auch den Brandschutz vor neue Aufgaben. Aktiver Umweltschutz ist für die Feuerwehren zwar kein neues Betätigungsgebiet – Brandbekämpfung, Beseitigung von Mineralölen von Gewässern und Straßen, Aufnehmen von gefährlichen Stoffen und Gütern nach Unfällen und die Rettung gefährdeter Tiere waren schon immer ihre Aufgaben – jedoch wird in Zukunft dieser Bereich erheblich größere Bedeutung bekommen und ein neues Bewusstsein prägen müssen.

Es wird eine besondere Aufgabe der einschlägigen Industrie sein, neue umweltverträgliche Löschmittel zu entwickeln.

Aufgabe der Politik ist es, gesetzliche Grundlagen zu schaffen, um die Produktion umweltschädlicher Löschmittel zu verhindern.

Solange es noch Löschmittel gibt, die umweltschädigend sind, hat die Feuerwehr im vorbeugenden und im abwehrenden Brandschutz dafür zu sorgen, dass dem Umweltschutz der ihm adäquate Vorrang eingeräumt wird.

Bild 1: Die »Greylsche Löschmaschine« enthielt im mittleren Teil des Fasses (b) eine Schwarzpulverladung mit Zündlunte (f). Der übrige Teil des Fasses war mit Natron (Natriumhydrogencarbonat) ausgefüllt.

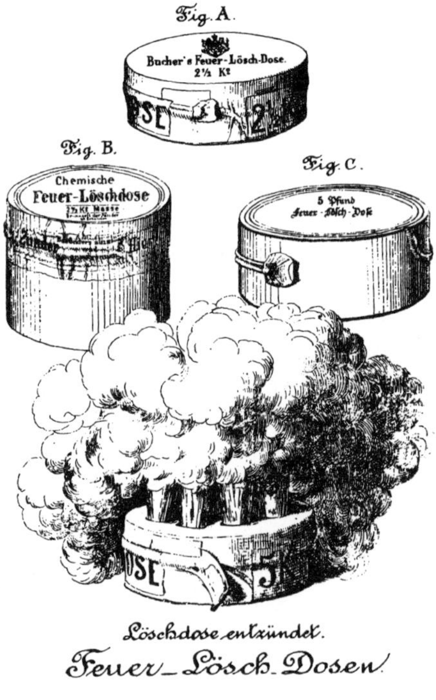

Bild 2: Um die Mitte des vorigen Jahrhunderts wurden Löschdosen verschiedenster Art und Größe hergestellt, die jedoch – wie E. D. Magirus schon 1866 feststellte – »in einem nicht zu großen und gut geschlossenen Raum« wirkten, und selbstverständlich auch nur gegen Flammenbrände erfolgversprechend sein konnten.

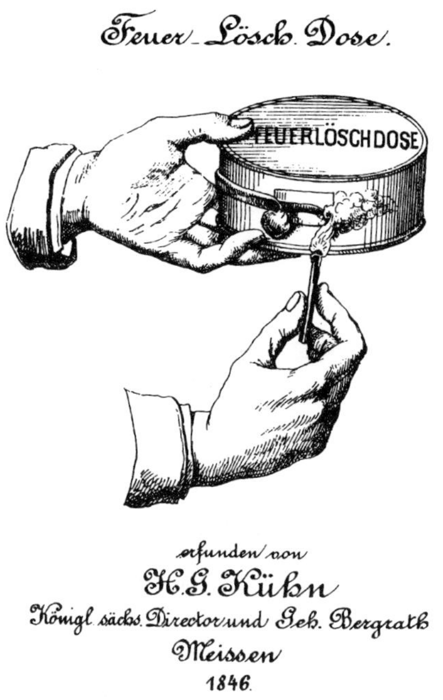

Bild 3: Die »Kühnsche Feuerlöschdose« enthielt ein dem Schwarzpulver ähnliches Gemisch, nämlich 66 % Salpeter, 30 % Schwefel und 4 % Kohle. Die bei der Verbrennung dieses Gemisches entstehende schweflige Säure sollte das Feuer löschen.

Bild 4: Der Inhalt der »Schlippeschen Löschpatrone«, bestehend aus schwefelsaurem Natron und schwefelsaurer Tonerde, wurde im Verhältnis von etwa 1:100 dem Löschwasser zugesetzt.

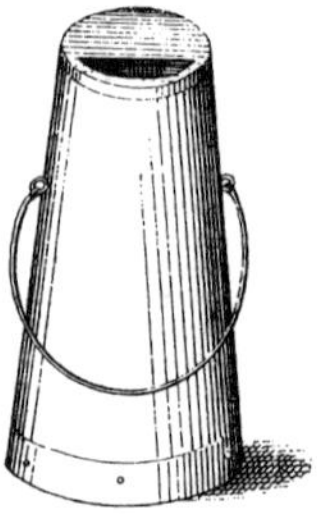

5

6

7

8

Bild 5: Wurfeimer mit »wasserzerteilendem Verschluss« (Sprühstahl)
Bild 6: Wurfeimer
Bild 7: »Annihilator« (Vorgänger der Kübelspritze)
Bild 8: Amerikanisches Pulverlöschgerät um 1900

1.2 Begriffe

Brandklassen

Nach DIN EN 2 bzw. EN 2-1:2004 werden brennbare Stoffe in Brandklassen eingeteilt. Die Einteilung der brennbaren Stoffe in Brandklassen dient dazu, den Stoffen mit gleichem Brandverhalten geeignete Löschmittel zuordnen zu können.

Das bedeutet, dass ein Löschmittel, das z. B. für die Brandklasse A geeignet ist, für alle Brände dieser Klasse verwendbar sein muss. Daraus ergibt sich allerdings auch die Folgerung, dass Brände, die nicht mit einem für die Brandklasse A geeigneten Löschmittel löschbar sind, nicht dieser Brandklasse zugeordnet werden können.

Die Tabelle 1 gibt einen Überblick über die verschiedenen Brandklassen. Die Brandklasse F wurde im Januar 2005 mit der DIN EN 2, Ausgabe: 2005-01, eingeführt.

Löschlehre

Die Löschlehre ist ein Teilgebiet der Feuerlöschtaktik. Während die Feuerlöschtaktik alle Einzelaspekte eines Feuerwehreinsatzes, also Alarmierung, Anmarsch, Einsatzformen usw. umfasst, behandelt die Löschlehre, insbesondere die Arten, Eigenschaften und Anwendungsbereiche der Löschmittel.

Tabelle 1: Brandklassen nach DIN EN 2

Brandklasse	Form/Zustand	Erscheinungsbild bei der Verbrennung	Beispiele
A	Brände fester Stoffe, hauptsächlich organischer Natur	Flammen- und/oder Glutbildung	Stroh, Holz, Papier, Textilien, Kunststoffe, Kohle
B	Brände von flüssigen oder flüssig werdenden Stoffen	Flammenbildung	Benzin, Diesel, Öl, Alkohol, Lack, Teer, Kerzenwachs
C	Brände von Gasen	Flammenbildung	Erdgas, Acetylen, Propan, Butan, Methan
D	Brände von Metallen	Glutbildung	Aluminium, Magnesium, Natrium, Stahlwolle
F	Brände von Speiseölen/-fetten in Frittier- und Fettbackgeräten	Flammenbildung	Speiseöle/-fette

Löschmittel

Als Löschmittel bezeichnet man Stoffe, die geeignet sind, durch bestimmte Löschwirkungen (Löscheffekte) die Verbrennung zu unterbinden. In der einschlägigen Literatur trifft man oft auf verschiedene Einteilungen der Löschmittel. So werden Löschmittel eingeteilt nach ihrem Aggregatzustand in feste, flüssige und gasförmige Stoffe. Andere Autoren sprechen von Nass- und Trockenlöschmitteln oder teilen die Löschmittel nach ihren Löschwirkungen bzw. Hauptlöschwirkungen ein.

Derartige Einteilungen können niemals exakt sein. Die Begriffe »nass« und »trocken« sind bekanntlich relativ und eignen sich schon aus diesem Grund nicht als Grundlage für eine Einteilung. Auch der Aggregatzustand ist keine brauchbare Einteilungsgrundlage, weil einige »flüssige« Löschmittel schon vor Erreichen der Brandzone verdampfen und damit gasförmig werden. Die Einteilung nach den Löschwirkungen hat den Nachteil, dass die so genannte Hauptlöschwirkung von Brandstoff zu Brandstoff verschieden sein kann. (Beim Einsatz von Luftschaum in der Brandklasse A ist die abkühlende Wirkung am wichtigsten – in der Brandklasse B dagegen die erstickende Wirkung.) Andererseits bringen derartige Einteilungen auch keinen besonderen

Tabelle 2: Feuerlöscher nach DIN 14406

Löschmittel:	Löschmittel-Kurzzeichen:	Füllmenge:	Toleranz der Füllmenge:	Zugelassen für Brandklassen:
Wasser	W	10 l	0,2 l	A
Schaum	S	10 l	0,2 l	AB
BC-Löschpulver	P	12 kg	0,24 kg	BC
BC-Löschpulver	P	6 kg	0,12 kg	BC
ABC-Löschpulver	PG	12 kg	0,24 kg	ABC
ABC-Löschpulver	PG	6 kg	0,12 kg	ABC
ABC-Löschpulver	PG	2 kg	0,06 kg	ABC
ABC-Löschpulver	PG	1 kg	0,03 kg	ABC
Kohlendioxid	K	6 kg	0,12 kg	B oder C
Kohlendioxid	K	2 kg	0,04 kg	B oder C
Metallbrandlöschpulver	PM	12 kg	0,24 kg	D

Nutzen, weil daraus weder löschtechnische noch löschtaktische Schlüsse zu ziehen sind.

Da es praktisch nur vier Gruppen von Löschmitteln gibt, verzichten wir hier bewusst auf eine besondere Einteilung.

Die zurzeit bekannten Löschmittel (siehe Tabellen 2 und 3) lassen sich in vier Gruppen zusammenfassen:

1. Wasser (einschließlich Zusatzmittel)
2. Schaum
3. Löschpulver
4. Kohlendioxid (CO_2)

1.3 Gesetzliche Bestimmungen

Alle gewerbsmäßig hergestellten Feuerlöschmittel unterliegen gemäß §§ 1 und 2 der »Ordnungsbehördlichen Verordnung über Feuerlöschgeräte und Feuerlöschmittel« vom 28. 12. 1984 (GV. NW 1984 S. 44) der Prüfung und Zulassung.

Tabelle 3: Feuerlöscher nach DIN EN 3

Löschmittel:	Füllmenge:	Toleranz der Füllmenge:	Zugelassen für Brandklassen:
Wasser*	2 l	+ 0 –0,10 l	A
Wasser*	3 l	+ 0 –0,15 l	A
Wasser*	6 l	+ 0 –0,30 l	A
Wasser*	9 l	+ 0 –0,45 l	A
Schaum	2 l	+ 0 –0,10 l	AB
Schaum	3 l	+ 0 –0,15 l	AB
Schaum	6 l	+ 0 –0,30 l	AB
Schaum	9 l	+ 0 –0,45 l	AB
BC-Löschpulver	1 kg	+ 0,05–0,05 kg	BC
BC-Löschpulver	2 kg	+ 0,06–0,06 kg	BC
BC-Löschpulver	3 kg	+ 0,06–0,06 kg	BC
BC-Löschpulver	4 kg	+ 0,08–0,08 kg	BC
BC-Löschpulver	6 kg	+ 0,12–0,12 kg	BC
BC-Löschpulver	9 kg	+ 0,18–0,18 kg	BC
BC-Löschpulver	12 kg	+ 0,24–0,24 kg	BC
ABC-Löschpulver	1 kg	+ 0,05–0,05 kg	ABC
ABC-Löschpulver	2 kg	+ 0,06–0,06 kg	ABC
ABC-Löschpulver	3 kg	+ 0,06–0,06 kg	ABC
ABC-Löschpulver	4 kg	+ 0,08–0,08 kg	ABC
ABC-Löschpulver	6 kg	+ 0,12–0,12 kg	ABC
ABC-Löschpulver	9 kg	+ 0,18–0,18 kg	ABC
ABC-Löschpulver	12 kg	+ 0,24–0,24 kg	ABC
Kohlenstoffdioxid CO_2	2 kg	+ 0 –0,10 kg	B
Kohlenstoffdioxid CO_2	5 kg	+ 0 –0,25 kg	B

* und wässrige Lösungsmittel

Die Prüfung wird von der Amtlichen Prüfstelle für Feuerlöschgeräte und Feuerlöschmittel bei der Landesfeuerwehrschule Nordrhein-Westfalen in Münster oder der Amtlichen Prüfstelle für Feuerlöschmittel und -geräte bei der Materialprüfungsanstalt für das Bauwesen des Freistaates Sachsen in Freiberg/Sachsen nach den geltenden Prüfungsgrundsätzen durchgeführt. Die Prüfstellen legen den Vertrag auf Zulassung eines Löschmittels oder eines Löschgerätes mit ihrem Gutachten und dem Vorschlag für besondere Bedingungen ihrem Innenministerium (Innenministerium Nordrhein-Westfalen bzw. Innenministerium Freistaat Sachsen) vor, die über die Zulassung gemäß der o. a. Verordnung entscheiden.

Die Regierungen der Länder der Bundesrepublik Deutschland haben über die Prüfung und Zulassung bzw. Anerkennung von Feuerlöschgeräten eine Verwaltungsvereinbarung getroffen. Nach dieser Verwaltungsvereinbarung gelten die Zulassungen von Löschmitteln und Löschgeräten durch die Innenministerien des Landes Nordrhein-Westfalen und des Freistaates Sachsen für ganz Deutschland.

In der Ordnungsbehördlichen Verordnung über Feuerlöschgeräte und Feuerlöschmittel ist festgelegt, dass Löschmittel bei ordnungsgemäßer Verwendung und vorschriftsmäßiger Handhabung des Löschgerätes nicht gesundheitsschädlich sein dürfen. Sie müssen so beschaffen sein, dass das Löschgerät bei üblicher und zweckentsprechender Bereitstellung sowie fachgerechter Wartung nicht infolge von Korrosion oder aus anderen Gründen betriebsuntüchtig wird; insbesondere darf die Löschleistung durch eine chemische oder physikalische Veränderung des Löschmittels auch unter der Einwirkung des Treibmittels nicht vermindert werden.

Auf Verlangen der Prüfstelle hat der Antragsteller die erforderlichen Eigenschaften sowie die Unbedenklichkeit der Anwendung der Feuerlöschmittel durch Gutachten einer von der Prüfstelle benannten sachkundigen Stelle nachzuweisen.

Die Prüfstellen sind außerdem berechtigt, Feuerlöschmittel aus der laufenden Fertigung bei dem Inhaber der Zulassung auf Übereinstimmung mit dem zugelassenen Typenmuster zu prüfen.

1.4 Löschwirkungen

Um zu einem tieferen Verständnis der Wirkungsweise der verschiedenen Löschmittel zu gelangen, muss man zunächst einmal die durch den althergebrachten Sprachgebrauch geprägte Vorstellung vom »Feuerlöschen« verlassen, nämlich, dass es das Feuer selbst sei, gegen das sich die Wirkung der Löschmittel richten müsste. Tatsächlich wird Feuer nur indirekt gelöscht. Primär beruht die Wirkung der Löschmittel auf der Unterbrechung des chemischen Vorganges der Verbrennung. Während das Feuer als »Naturkraft«

den Menschen schon seit Jahrtausenden bekannt ist, bestehen über die inneren Zusammenhänge zwischen dem Vorgang des »Brennens« und dem Wesen des »Feuers« erst seit *Lavoisier* (1743–1794) gültige wissenschaftliche Erkenntnisse. Wie L. richtig erkannte, ist die Verbrennung eine chemische Reaktion zwischen einem brennbaren Stoff und dem in der Luft enthaltenen Sauerstoff, einem Element, das erst kurz zuvor von *Priestley* (1733–1804) und *Scheele* (1742–1786) entdeckt worden war. Bei dieser Reaktion entstehen nicht nur neue chemische Verbindungen (»Oxide«), sondern es wird auch gleichzeitig chemisch gebundene Energie in freie Wärmeenergie umgewandelt. Chemische Reaktionen dieser Art werden als »exotherme« (wärmeabgebende) bezeichnet, im Gegensatz zu den »endothermen« (wärmeaufnehmenden) Reaktionen. Als Folge der freigesetzten Wärmeenergie tritt elektromagnetische Strahlung auf, vorwiegend als Temperatur- und Lichtstrahlung, wodurch an gasförmigen Reaktionsprodukten das charakteristische Bild der *Flammen,* an festen und glutflüssigen Stoffen das der *Glut* erzeugt wird. Das Auftreten von Feuer ist nicht auf Verbrennungsreaktionen beschränkt, auch zahlreiche andere exotherme Reaktionen, die nichts mit einer Verbrennung zu tun haben, verlaufen unter Feuererscheinungen. Das Feuer ist also lediglich die sichtbare energetische Begleiterscheinung bestimmter chemischer Reaktionen, insbesondere der Verbrennungsreaktion. Während diese ein *chemischer* Vorgang ist, also eine stoffliche Umsetzung, ist das Feuer die Äußerung einer Energieumwandlung, also ein *physikalisches* Phänomen.

Wird die Verbrennungsreaktion unterbrochen, dann hört auch die Energieumwandlung auf. Die Wirksamkeit der Löschmittel beruht dem gemäß primär auf ihrer Fähigkeit, die Verbrennungsreaktion zu stören und damit abzubrechen. Der Abbruch der Verbrennungsreaktion lässt sich dadurch erreichen, dass wenigstens eine der Reaktionsbedingungen gestört oder ausgeschaltet wird, die gemeinsam zum Aufrechterhalten der Verbrennungsreaktion erforderlich sind. Die Reaktionsbedingungen sind

1. quantitativer,
2. thermischer und
3. chemisch-katalytischer Art.

Selbstverständliche Voraussetzungen jeder chemischen Reaktion ist das Vorhandensein wenigstens zweier *Reaktionspartner.* Im Falle der Verbrennungsreaktion sind dies

ein *brennbarer Stoff und Sauerstoff.*

Diese beiden Stoffe reagieren bereits unter den normal vorliegenden Bedingungen (Temperatur, Druck usw.), sofern sie sich berühren können, im Sinne einer äußerst langsam verlaufenden Oxidations-Reaktion, die sich im Allgemeinen durch gewisse Veränderungen wie z. B. Rosten, »Oxidieren«, Korrodieren, Faulen, Verwesen usw. bemerkbar macht.

Der Übergang der langsam verlaufenden normalen Oxidation in die ganz erheblich schneller verlaufende Verbrennungsreaktion ist nur dann möglich, wenn die oben erwähnten besonderen Reaktionsbedingungen gegeben sind. Folgende Reaktionsbedingungen sind erforderlich:

1. in *quantitativer* Hinsicht:
   ein bestimmtes *Mengenverhältnis bzw.,* eine bestimmte *Mindest-Konzentration* von brennbarem Stoff und Sauerstoff,
2. in *thermischer* Hinsicht:
   ein bestimmter *Wärmezustand,* nämlich die *Zündtemperatur* bzw. die *Mindest-Verbrennungstemperatur,* und
3. in *katalytischer* Hinsicht:
   Abwesenheit von *reaktionshemmenden Substanzen* (»Inhibitoren«) und – unter Umständen – Anwesenheit von reaktionsbeschleunigenden Substanzen (»Katalysatoren«).

Jede dieser Reaktionsbedingungen übt einen mehr oder weniger starken Einfluss auf die Reaktionsgeschwindigkeit aus. Da die Verbrennungsreaktion nur bei einer relativ hohen Mindestgeschwindigkeit bestehen kann, müssen die besonderen Reaktionsbedingungen zusammen mindestens diese Reaktionsgeschwindigkeit bewirken.

Im Folgenden sollen diese Reaktionsbedingungen hinsichtlich ihres Einflusses auf die Verbrennungsgeschwindigkeit und auf die sich daraus ergebenden Einwirkungsmöglichkeiten eines Löschverfahrens näher betrachtet werden.

1.4.1 Löschen durch Stören der mengenmäßigen Reaktionsbedingung: »Ersticken«

Das Löschen durch Stören der mengenmäßigen Vorbedingung der Verbrennungsreaktion wird als »Ersticken« bezeichnet. Diese Möglichkeit des Löschens beruht auf der Gesetzmäßigkeit, dass sich alle chemischen Reaktionen nur nach bestimmten, immer gleichbleibenden Mengenverhältnissen vollziehen (Gesetz der »konstanten Proportionen« –Gesetz von *Proust*–, 1754–1826). Es gibt daher für jede Reaktion nur ein einziges »richtiges« Mengenverhältnis der reagierenden Stoffe, das so genannte »stöchiometrische Verhältnis«. Es lässt sich aus der betreffenden Reaktionsgleichung leicht errechnen. So ergibt sich z. B. für die Verbrennung von Wasserstoff (H_2) und Sauerstoff (O_2) aus der Reaktionsgleichung

$2\,H_2 + O_2 \rightarrow 2\,H_2O$ (Wasser)

ein Mengenverhältnis von 2 Raumteilen Wasserstoff zu 1 Raumteil Sauerstoff, unter gleichen Bedingungen entsprechen diese Raumteile einem Gewichtsverhältnis von 1 zu 8, dem Gewichtsverhältnis der beteiligten Atome (Wasserstoff = 1, Sauerstoff = 16). Die höchstmögliche Verbrennungsgeschwindigkeit (im vorgenannten Beispiel 2,8 km/s, das entspricht einer »Detonation«) kann nur im richtigen Mengenverhältnis erreicht werden und selbstverständlich auch nur dann, wenn keine dritten Stoffe im Reaktionsgemisch vorhanden sind, denn diese würden die Konzentration der Reaktionspartner vermindern und außerdem einen entsprechenden Teil der Reaktionswärme binden, wodurch sowohl die quantitativen als auch die thermischen Reaktionsbedingungen hemmend beeinflusst würden.

Die Geschwindigkeit einer chemischen Reaktion ist stark abhängig von der Konzentration der reagierenden Stoffe. Durch eine Verringerung der Konzentration wird die Wahrscheinlichkeit, dass die reagierenden Teilchen aufeinandertreffen, entsprechend geringer und damit auch die Reaktionsgeschwindigkeit vermindert. So kann z. B. eine Verbrennung in Luft, in welcher der Sauerstoff bekanntlich nur in einer Konzentration von rund 21 Vol. % enthalten ist, nur etwa $^1/_5$ der Verbrennungsgeschwindigkeit in reinem Sauerstoff erreichen. Da Verbrennungsreaktionen nur bei einer relativ hohen Mindestreaktionsgeschwindigkeit bestehen, führt schon die Verringerung der Sauerstoff-Konzentration auf etwa 17 bis 15 % bei den meisten brennbaren Stoffen zum Abbruch der Verbrennung. Die wenigsten Stoffe können auch noch bei Sauerstoffkonzentrationen unter 10 % weiterbrennen, z. B. Wasserstoff, Acetylen und weißer Phosphor. Grundsätzlich kann *Löschen durch Ersticken* erreicht werden durch

Erniedrigen der Sauerstoff-Konzentration:
- *»Verdünnen«* des Sauerstoffs,

Drosseln der weiteren Zufuhr von brennbarem Stoff:
- *»Abmagern« des brennbaren Stoffes* oder im Extremfall:
- *völliges »Trennen« des brennbaren Stoffes vom Sauerstoff.*

1.4.1.1 Erstickende Wirkung durch Verdünnen des Sauerstoffs

Das weitere Verdünnen des in der Luft nur zu rund 21 % enthaltenen Sauerstoffs führt zu einem praktisch nutzbaren Löschverfahren. Um die Luftsauerstoff-Konzentration von rund 21 Vol. % auf die löschwirksame Konzentration von ca. 15 Vol. % zu senken – das entspricht einer Verdünnung um rund ein Drittel –, muss das gesamte Luftvolumen im engeren Brennbereich mindestens um ein Drittel mit einem geeigneten Löschgas verdünnt werden. Das bedeutet allerdings einen verhältnismäßig hohen Aufwand an Löschmittel; denn praktisch muss zur Sicherheit noch ein hinreichender Überschuss an Löschgas vorhanden sein. Daher muss man z. B. für einen wirksamen Raumschutz durch eine stationäre Kohlendioxid-Löschanlage etwa 1 kg CO_2 pro m^3 Raum bereitstellen, was einer rund 50 %igen Löschgas-Konzentration entspricht.

1.4.1.2 Erstickende Wirkung durch Abmagern des brennbaren Stoffes

Im Gegensatz zum Luftsauerstoff, der als solcher bereits erheblich verdünnt ist, gelangen die meisten brennbaren Stoffe in der Regel in recht hoher Konzentration zur Verbrennung. Der Versuch, brennende Gase oder Dämpfe durch Zufuhr eines Löschgases zu verdünnen, würde zwangsläufig auch zu einer entsprechenden Verdünnung des – bereits stark verdünnten – Luftsauerstoffs führen. Daher würde die Löschwirkung schon infolge der niedrigen Sauerstoff-Konzentration eintreten. Grundsätzlich muss die Verringerung der Konzentration desjenigen Reaktionspartners zum Ersticken führen, dessen Mengenanteil zuerst am weitesten vom richtigen, dem stöchiometrischen, Mengenverhältnis abweicht.

Um den Mengenanteil des brennbaren Stoffes zu verhindern, ohne gleichzeitig auch die Sauerstoff-Konzentration entscheidend zu senken, besteht praktisch nur die Möglichkeit, die weitere Zufuhr des brennbaren Stoffes in die Reaktionszone zu drosseln (»Abmagern«) oder – im Extrem – völlig zu unterbinden (»Trennen«).

Eine *erstickende Wirkung durch »Abmagern«* des brennbaren Stoffes tritt ein, wenn brennende Flüssigkeiten, deren Flammpunkt wesentlich über der normalen Umgebungstemperatur liegt, z. B. mittels Sprühstrahl unter ihren Flammpunkt abgekühlt werden. Unterhalb des Flammpunktes ist weder ein Weiterbrennen noch ein Wiederentzünden möglich, da die Konzentration der Brennstoffdämpfe unter die untere Zündgrenze abgesunken ist. Dieses Löschverfahren beruht auf der Gesetzmäßigkeit, dass der Dampfdruck (Sättigungsdruck) einer Flüssigkeit und damit die Konzentration der über dem Flüssigkeitsspiegel befindlichen Dämpfe von der Temperatur der Flüssigkeit abhängen. Bei jeder Temperatur der Flüssigkeit kann sich nur eine bestimmte Höchstkonzentration der Dämpfe über dem Flüssigkeitsspiegel einstellen, die so genannte »Sättigungskonzentration«. Wird die Temperatur der Flüssigkeit herabgesetzt, kondensiert eine entsprechende Dampfmenge, bis die der jeweiligen Temperatur entsprechende niedrigere Dampfkonzentration erreicht ist. Die Dampfkonzentration, die bei der Temperatur des Flammpunktes vorhanden ist, entspricht derjenigen der unteren Zündgrenze (auch »Explosionsgrenze«). Durch Vermindern der Flüssigkeitstemperatur unter den Flammpunkt werden die Brennstoffdämpfe zwangsläufig so stark »abgemagert«, dass Löschen durch Ersticken eintreten muss.

Das Löschen tritt also infolge der Störung der mengenmäßigen Reaktionsbedingung ein, nicht aber infolge einer Einwirkung auf den Wärmezustand in der Verbrennungszone, auf die *thermische* Reaktionsbedingung, und ist daher auch nicht als »abkühlende« Löschwirkung oder als »Kühleffekt« zu bezeichnen oder einzuordnen, wie es zum Teil noch geschieht.

Das Löschen nach dem vorgenannten Prinzip gelingt naturgemäß um so leichter, je höher der Flammpunkt der betreffenden Flüssigkeit liegt. Ist die brennbare Flüssigkeit nur in ihrer obersten Schicht erwärmt, während die tieferen Schichten noch kühl und damit noch wesentlich unter ihrem Flammpunkt geblieben sind, genügt bereits das Umrühren oder Umwälzen der Flüssigkeit, wodurch kältere Schichten an die Oberfläche gelangen und Temperaturausgleich bis unter den Flammpunkt bewirken, um die Löschwirkung durch »Abmagern« der Brennstoffdämpfe auszulösen.

Das Umwälzen der Flüssigkeit kann in größeren Tanks, z. B. gemäß einem Erfinder-Vorschlag durch Einleiten von Pressluft, die aus Düsen am Tankbodenaustritt, bewirkt werden. Das Verfahren ist zwar wirkungsvoll, sofern die obengenannten Voraussetzungen erfüllt sind. Wird der Inhalt eines Tanks jedoch nicht nur oberflächlich, sondern in seiner Gesamtmenge über den Flammpunkt hinauserwärmt, was bei Wärmeübertragung von einem brennbaren Nachbartank durchaus möglich ist, dann muss dieses Verfahren versagen. Daher hat dieses Verfahren auch gegenüber dem immer noch am sichersten wirkenden Schaumlöschverfahren keine praktische Bedeutung erlangen können.

1.4.1.3 Erstickende Wirkung durch Trennen der Reaktionspartner

Durch das völlige Trennen des brennbaren Stoffes vom Sauerstoff wird die mengenmäßige Vorbedingung der Verbrennungsreaktion praktisch auf Null reduziert.

Das Trennen der Reaktionspartner kann praktisch dadurch erreicht werden, dass entweder der weitere Zutritt von brennbarem Stoff zum Luftsauerstoff oder auch umgekehrt, der Zutritt von Luftsauerstoff zum brennbaren Sauerstoff verhindert wird, indem ein geeignetes Medium auf rein mechanischem Wege zwischen die Reaktionspartner bzw. zwischen einen der Reaktionspartner und die Reaktionszone gebracht wird.

So wird z. B. beim Löschen einer brennenden Flüssigkeit mittels Schaum durch die trennende Schaumschicht verhindert, dass weitere brennbare Dämpfe aus der Flüssigkeit in die Verbrennungszone nachgeliefert werden, sodass die Flammen ersticken müssen. Die erstickende Wirkung der

Schaumschicht wird noch dadurch unterstützt, dass gleichzeitig auch der Dampfdruck der brennenden Flüssigkeit vermindert wird, und zwar infolge der Abkühlung durch das aus dem Schaum ausgeschiedene Wasser. Damit wird die Möglichkeit, dass Brennstoffdämpfe die trennende Schaumschicht durchbrechen, entsprechend gemindert.

Eine erstickende Wirkung durch Trennen kann besonders einfach dann erzielt werden, wenn brennende Gase oder Flüssigkeiten aus Leitungen oder Behältern ausströmen und die Möglichkeit besteht, das weitere Nachströmen durch Schließen von Ventilen oder anderen Absperrorganen zu unterbinden, ein Verfahren, das alltäglich zum »Löschen« von häuslichen und industriellen Brenngas-Flammen angewandt wird, aber leider in Brandfällen nur selten realisierbar ist.

1.4.2 Löschen durch Stören der thermischen Reaktionsbedingung: »Abkühlen«

Die Verbrennung als schnell verlaufende Reaktion kann nur dann zustande kommen und fortbestehen, wenn in der Reaktionszone eine bestimmte Mindesttemperatur besteht, die von den Reaktionsbedingungen, insbesondere der Natur und dem jeweiligen Zustand des brennbaren Stoffes sowie Vorgängen des Stofftransportes abhängt. Durch Erhöhen der Temperatur wird allgemein die Geschwindigkeit chemischer Reaktionen ganz erheblich beschleunigt, durch Senken dagegen vermindert.

Schließt man z. B. ein Gemisch von 2 Raumteilen Wasserstoff und 1 Raumteil reinen Sauerstoff in ein zugeschmolzenes Glasrohr ein, so kann bei gewöhnlicher Temperatur selbst nach Jahren noch keine Umsetzung nachgewiesen werden. Wird das Gemisch konstant auf 300 °C erwärmt, dann bildet sich nach einigen Tagen etwas Wasser. Bei 518 °C ist die Reaktion nach einigen Stunden beendet. Bei 700 °C vollzieht sie sich im Bruchteil einer Sekunde in Form einer Detonation unter Feuererscheinung. Dieses Beispiel veranschaulicht den außerordentlich starken Einfluss der Temperatur auf die Reaktionsgeschwindigkeit. Da die Reaktionsgeschwindigkeit für je 10 °C Temperaturerniedrigung bereits auf den halben Wert sinkt, kann sich die vollständige Umsetzung eines Wasserstoff-Sauerstoff-Gemisches bei gewöhnlicher Temperatur theoretisch erst nach 1 Milliarde Jahren vollzogen haben.

Diese außerordentlich starke Abhängigkeit der Reaktionsgeschwindigkeit von der Temperatur bildet die Grundlage für ein besonders wirksames und nachhaltiges Löschverfahren, für das Löschen durch *Abkühlen.* Beim Löschen durch Abkühlen kommt es darauf an, die Temperatur in der Reaktionszone, die Verbrennungstemperatur, unter einen kritischen Grenzwert zu senken, unterhalb dessen die Verbrennungsreaktion abbrechen muss. Diese kritische Grenztemperatur besteht – entgegen einer noch manchmal zu findenden Auffassung – *nicht* in der so genannten »Zündtemperatur«. Die Zündtemperatur hat die Bedeutung einer kritischen Grenztemperatur lediglich für die *Einleitung* der Verbrennung. Das *Fortbestehen* der Verbrennung ist dagegen von einem wesentlich höheren Wärmezustand, der *Mindest-Verbrennungstemperatur,* abhängig, die im Allgemeinen um mehrere hundert Grad höher liegt als die Zündtemperatur. Bemerkenswert hoch liegt sie bei den meisten Kohlenwasserstoffen (z. B. Propan, Benzin, Dieselkraftstoff), nämlich bei rund 1200 °C, also um etwa 700 bis 900 °C höher als die entsprechenden Zündtemperaturen.

Die Zündtemperatur hat lediglich die Bedeutung einer Anregungs- oder Aktivierungstemperatur. Sie ist im übrigen auch keine Stoffkonstante, sondern in hohem Maße von den jeweiligen Versuchsbedingungen abhängig. Sie kann praktisch nur als Temperatur einer Wandoberfläche bestimmt werden, mit der die Reaktionspartner in Berührung sind, nicht aber als deren eigene Temperatur. Infolge der Erwärmung auf die Zündtemperatur wird die Reaktionsgeschwindigkeit so erheblich gesteigert, dass eine entsprechend große Menge an Reaktionswärme pro Zeiteinheit festgesetzt wird, die dann zur Selbstaufheizung der Reaktionspartner bis zur Mindest-Verbrennungstemperatur führt. Erst jetzt setzt die Verbrennung, erkennbar an der Feuererscheinung, ein. Der Zündvorgang erfordert daher auch eine gewisse Zeitspanne (»Zündverzugszeit«), die u. U. äußerst kurz, aber auch relativ lang sein kann (für die nach DIN 51 794 bestimmten Zündtemperaturen bis zu 5 Minuten). Die Zündung wird also nicht allein schon durch die von der Zündquelle übertragene Wärmeenergie, die »Zündenergie«, bewirkt, sondern erst durch das Hinzukommen der dadurch ausgelösten Reaktionswärme.

Reicht nach Entfernen der Zündquelle die Erzeugung an Reaktionswärme nicht mehr aus, um die Mindest-Verbrennungstemperatur aufrecht zu erhalten, dann muss »Erlöschen« eintreten. Dieser Vorgang findet z. B. bei den so genannten »schwer entflammbaren« Baustoffen statt. In diesem Fall geht die Reaktionswärme nach Entfernen der Zündquelle schneller an die Umgebung verloren, als sie nacherzeugt wird. Die Folge ist das Absinken der Reaktionstemperatur bis unter die Mindest-Verbrennungstemperatur, sodass die Verbrennung abbricht.

Im Normalfall, z. B. bei Bränden von Holz, gehen »nur« ca. 90 % der Reaktionswärme an die Umgebung verloren, und zwar überwiegend durch Strahlung und Konvektion. Die restliche Wärme gewährleistet das Fortbestehen der Verbrennung.

Um die Löschwirkung durch Abkühlen zu erzielen, ist es daher lediglich erforderlich, die relativ geringe restliche Wärmeenergie aus der Reaktionszone zu entziehen. In der Praxis ist allerdings zu beachten, dass nicht nur die Verbrennungszone unter die Mindest-Verbrennungstemperatur abgekühlt werden muss, sondern gleichzeitig auch etwaige hocherhitzte Oberflächen in der nächsten Umgebung. Diese müssen sogar bis unter die Zündtemperatur der vorhandenen brennbaren Stoffe abgekühlt werden, da sonst die Gefahr einer »Rückzündung« besteht.

Ein Löschmittel kann nur dann wirksam »abkühlen«, wenn es möglichst schnell große Wärmemengen aus der Verbrennungszone aufnehmen und abführen kann. Die Wärmemenge, die eine bestimmte Masse des Löschmittels in der Zeiteinheit der Verbrennungszone zu entziehen vermag, wollen wir seine »spezifische Kühlleistung«* nennen. Theoretisch lässt sich die spezifische Kühlleistung aus den thermodynamischen Stoffdaten des Löschmittels errechnen, praktisch kann jedoch immer nur ein gewisser Teil nutzbar gemacht werden, da zahlreiche äußere Faktoren die Kühlleistung beeinträchtigen. So hängt der »Nutzeffekt« eines abkühlenden Löschmittels sehr wesentlich davon ab, dass es mit einer möglichst großen Oberfläche in innigen Kontakt mit der Verbrennungszone kommt, eine Vorbedingung, die am besten durch flüssige oder pulverförmige Löschmittel erfüllt werden kann.

Theoretisch kommen folgende Vorgänge in Betracht, durch die ein Löschmittel seiner Umgebung Wärme entziehen und dadurch abkühlend wirken kann:

1. Erwärmen	– (ohne Änderung des Aggregatzustandes)
2. Schmelzen	
3. Verdampfen	– (Übergang in andere Aggregatzustände)
4. Sublimieren	
5. Dissoziieren	– (Aufspaltung in Ionen)
6. pyrogenes Zersetzen	– (chemische Reaktionen)

Die Wärmemengen, die eine bestimmte Stoffmenge aufgrund dieser Vorgänge aufnehmen kann, werden entsprechend als *spezifische Wärme, Schmelzwärme, Verdampfungswärme* usw. des betreffenden Stoffes bezeichnet. Ihre experimentell genau bestimmten Werte sind Stoffkonstanten.

Löschtechnisch nutzbar sind nur die Vorgänge »Erwärmen« und »Verdampfen«, da nur durch sie hinreichend große Kühlleistungen – speziell mit dem Löschmittel Wasser – erzielt werden können. Demgegenüber sind alle

* In der Brandschutz-Literatur wird hierfür auch der Begriff »Wärmevernichtungsleistung« gebraucht, eine Begriffsbildung, die nicht besonders glücklich erscheint, da Energie bekanntlich nicht »vernichtet« werden kann.

anderen endothermen Vorgänge praktisch ohne Bedeutung, da die Wärmemengen, die durch sie gebunden werden können, vergleichsweise zu gering sind. Im Folgenden sollen die abkühlenden Wirkungen durch Erwärmen und Verdampfen des Löschmittels näher besprochen werden.

1.4.2.1 Abkühlende Wirkung durch Erwärmen des Löschmittels

Erwärmt man gleiche Massen, z. B. je 1 kg verschiedener Stoffe, ausgehend von der gleichen Anfangstemperatur, auf eine ebenfalls gleiche höhere Temperatur, dann stellt man fest, dass die verschiedenen Stoffe dabei verschieden große Wärmemengen »verbraucht« haben. Die zum Erwärmen eines Stoffes erforderliche Wärme ist also spezifisch (arteigen).

Unter der »spezifischen Wärmekapazität« eines festen oder flüssigen Stoffes versteht man die Wärmemenge, die nötig ist, um 1 kg dieses Stoffes um 1 °C zu erwärmen, und zwar bei einer bestimmten Bezugstemperatur bzw. in einem bestimmten Temperaturbereich. Ein Löschmittel kann demgemäß um so mehr Wärme aus der Verbrennungszone aufnehmen, je größer seine spezifische Wärmekapazität ist.

1.4.2.2 Abkühlende Wirkung durch Verdampfen des Löschmittels

Die Werte der spezifischen Wärmekapazität beziehen sich immer nur auf Temperaturerhöhungen innerhalb eines Aggregatzustandes. Daher beschränkt sich bei flüssigen Löschmitteln die Kühlwirkung aufgrund ihrer spezifischen Wärmekapazität praktisch lediglich auf den Bereich zwischen der normalen Temperatur und ihrem Siedepunkt, bei Wasser z. B. auf den Bereich zwischen etwa 10 und 100 °C. Beim Erreichen des Siedepunktes geht die Flüssigkeit in den gasförmigen Aggregatzustand (Dampf-Phase) über. Dabei erhöht sich die Temperatur der Flüssigkeit nicht mehr, sondern die gesamte jetzt noch aufgenommene Wärme wird zur Verdampfung verbraucht und verbleibt im Dampf als »latente« Wärme. Der Dampf entweicht aus der Verbrennungszone und führt die aufgenommene Wärme, die »Verdampfungswärme«, mit sich fort. Als »spezifische Verdampfungswärme« wird die Wärmemenge bezeichnet, die erforderlich ist, um eine bestimmte Masse einer Flüssigkeit in Dampf zu verwandeln (bezogen auf den Siedepunkt bei 1013 hPa). Von allen als Löschmittel in Frage kommenden Stoffen hat Wasser mit 2257 kJ/kg die höchste Verdampfungswärme. Obwohl seine durch Erwärmen bis zum Siedepunkt gegenüber der durch Verdampfen erzielbaren Kühlleistung nur rund $\frac{1}{6}$ beträgt, übertrifft es auch damit noch mit großem Abstand diejenige aller sonstigen Löschmittel.

Demgegenüber treten alle noch möglichen Kühlwirkungen anderer Löschmittel durch sonstige endotherme Vorgänge, wie Schmelzen, Sublimieren, Zersetzen usw., völlig zurück und haben allenfalls theoretische Bedeutung.

1.4.3 Löschen durch antikatalytische Wirkung

Die Verbrennungsreaktion ist außer von den zuvor behandelten quantitativen und thermischen Reaktionsbedingungen auch von speziellen Bedingungen abhängig, nämlich von der Anwesenheit reaktionsbeschleunigender Substanzen oder Katalysatoren und von der Abwesenheit reaktionshemmender Substanzen, die als Inhibitoren bezeichnet werden.

Solche reaktionsbeschleunigenden Substanzen oder Katalysatoren sind von Natur aus, d. h. ohne menschlichen Eingriff, praktisch stets vorhanden. In löschtechnischer Hinsicht bietet sich deshalb die Möglichkeit eines entsprechenden Eingriffes, und zwar durch Einbringen so genannter »antikatalytisch« wirkender Substanzen in die Verbrennungszone, wodurch die Verbrennungsreaktion entscheidend gehemmt und somit eine Löschwirkung erzielt werden kann. Zunächst bedürfen die Begriffe »Katalysator« und »Inhibitor« einer näheren Erläuterung. Als Katalysator bezeichnet man einen Stoff, der eine chemische Reaktion durch Erhöhung der Reaktionsgeschwindigkeit erheblich beschleunigt, ohne scheinbar selbst verbraucht zu werden. Oberflächlich betrachtet wirkt er allein durch seine Anwesenheit. Betrachtet man den Vorgang der Katalyse genauer, so wird man feststellen, dass der Katalysator zwischenzeitlich in die Reaktion eingreift, im Verlaufe der Reaktion aber wieder zurückgebildet wird. In manchen Fällen ermöglicht ein Katalysator eine Reaktion überhaupt erst.

Zum Beispiel vereinigen sich viele Elemente nicht mit Sauerstoff in absolut trockenem Zustand, selbst nicht bei hohen Temperaturen. Eine Spur Feuchtigkeit genügt jedoch, um die sofortige Verbrennung herbeizuführen. Die katalytische Wirkung geht jedoch nicht vom Wassermolekül selbst aus, sondern, wie am folgenden Beispiel der Verbrennung von CO mit O_2 gezeigt werden soll, von seinen Radikalen H^* und OH^*, in die die Wassermoleküle im Wasserdampf bei höheren Temperaturen zerfallen.

Die Reaktion gemäß der chemischen Gleichung

$$2\,CO + O_2 \rightarrow 2\,CO_2$$

verläuft in Wirklichkeit unter Mitwirkung der H^*- und OH^*-Radikale in Form einer Reaktionskette, nämlich

$$H^* + CO + O_2 \rightarrow CO_2 + OH^* \qquad (1)$$
$$OH^* + CO \rightarrow CO_2 + H^* \qquad (2)$$

Die beiden Reaktionen (1) und (2) wiederholen sich ständig, wobei sich die H^*- und OH^*-Radikale jeweils abwechselnd neu bilden. Zum Schluss gehen sie unverbraucht aus der Reaktion wieder hervor. Dieses einfache Beispiel sollte die grundsätzliche Wirkungsweise eines Katalysators verdeutlichen.

Die Verbrennungsvorgänge anderer Stoffe mit komplizierteren Molekülen verlaufen indessen auch in wesentlich komplizierteren Kettenreaktionen. Wasser- bzw. Wasserdampf ist eine der verbreitetsten Katalysatorsubstanzen für die Verbrennung. Da die Luft stets eine gewisse Feuchtigkeit enthält, ist Wasserdampf als Katalysator praktisch allgegenwärtig und daher auch bei allen Verbrennungsvorgängen zugegen. Das gleiche gilt für die unvermeidlichen Staubablagerungen, die ebenfalls häufig Metallverbindungen als katalytisch wirksame Substanzen enthalten können.

Die Beeinflussung einer chemischen Reaktion durch Katalysatoren wird wie bereits erwähnt als *Katalyse* (griechisch: »Auflösung«) bezeichnet. Man unterscheidet die *homogene* Katalyse, bei welcher der Katalysator den gleichen Aggregatzustand (gasförmig oder flüssig) hat wie die Reaktionspartner, und die *heterogene* Katalyse an Phasengrenzflächen, bei der der Katalysator meist fest, die Reaktionspartner dagegen flüssig oder gasförmig sind. Es gibt auch Misch-Katalysatoren, die aus einer Kombination zweier oder mehrerer Stoffe bestehen. Viele Vorgänge in der Natur laufen als Katalysen ab, wobei so genannte Biokatalysatoren mitwirken, die als Enzyme oder Fermente bekannt sind. Vor allem in der Verfahrenstechnik der chemischen Industrie, aber auch in vielen anderen technischen Bereichen spielen Katalysatoren eine große Rolle. So wäre z. B. ohne die katalytische Ammoniaksynthese (Haber-Bosch-Verfahren) zur Düngemittelherstellung die Ernährung der Weltbevölkerung heute bereits in Frage gestellt.

Technisch von geringerer Bedeutung ist dagegen die Tatsache, dass es neben den reaktionsbeschleunigenden Katalysatoren auch Stoffe gibt, die im entgegengesetzten Sinne wirken und chemische Reaktionen durch ihre Anwesenheit hemmen. Ihre Wirkung wird daher als »antikatalytisch« bezeichnet. Sie werden auch »negative Katalysatoren« oder »Inhibitoren« (vom latein. »inhibere« = anhalten, hemmen) genannt. Derartige Stoffe können auch Verbrennungsreaktionen entscheidend hemmen und sind daher als Löschmittel verwendbar.

Wie bei der Katalyse unterscheidet man auch bei der Inhibition zwischen homogener und heterogener Inhibition. Löschtechnisch sind beide Arten von Bedeutung.

1.4.3.1 Homogene Inhibition

Verbrennungsreaktionen in Flammen verlaufen stets als Kettenreaktionen mit mehr oder weniger komplizierten Zwischenreaktionen. Die *homogene Inhibition* besteht im Prinzip darin, dass bestimmte Zwischenglieder (Radikale, reaktive Moleküle, Ionen) der Reaktionsketten von anderen Radikalen, die bei der thermischen Zersetzung des Löschmittels gebildet werden, chemisch gebunden und damit sozusagen aus den Reaktionsketten herausgerissen werden, wodurch Kettenabbruch und damit Erlöschen der Flammen eintritt.

1.4.3.2 Heterogene Inhibition

Unter *heterogener Inhibition* ist die kettenabbrechende Wirkung kühler Oberflächen (»Wandwirkung«) zu verstehen, wie sie von den als Flammendurchschlagsicherungen benutzten Davy-Sieben der Grubenlampen, von Kiestöpfen bei Tankanlagen usw. schon seit langem bekannt ist. Auch das Löschen von Flammen durch Löschpulver beruht hauptsächlich auf dieser »Wandwirkung«. Je feiner ein Stoff zerteilt ist, eine desto größere Oberfläche besitzt die Gesamtheit der Teilchen im Verhältnis zu ihrer Masse.

Ein Kilogramm Löschpulver besitzt z. B. bei einer mittleren Korngröße von 0,02 bis 0,03 mm bereits eine wirksame Oberfläche von einigen hundert Quadratmetern. Diese außerordentlich große Kontaktfläche macht auch die schlagartige Löschwirkung des Pulvers verständlich.

Im Kontakt mit der kühlen Oberfläche der Pulverteilchen verlieren die bei der Verbrennungsreaktion gebildeten besonders energiereichen freien Radikale, die für den Ablauf der Zwischenreaktion wesentlich sind, einen Teil ihrer Energie, sodass rückläufige Reaktionen (»Rekombinationen«) eintreten, die zum Kettenabbruch führen.

Während bei der homogenen Inhibition die für die Fortsetzung der Reaktionsketten wesentlichen Zwischenglieder durch chemische Bindung entfernt werden, werden sie bei der heterogenen Inhibition durch Energieentzug ausgeschaltet.

2 Löschmittel Wasser

2.1 Allgemeines

Ohne Zweifel ist das Wasser der wichtigste Stoff auf unserem Erdball. Etwa 71 % der Erdoberfläche werden vom Wasser bedeckt. Darüber hinaus bestehen Fauna und Flora zu etwa 60 bis 90 % aus Wasser. Wasser war eine Grundbedingung für die Entstehung und Höherentwicklung allen Lebens. Alle Lebensvorgänge in den Zellen sind an das Wasser als Lösungs- oder Transportmittel bzw. als Baustoff gebunden. Ohne Wasser wäre ein Fortbestehen des Lebens auf der Erde nicht möglich. So war das Wasser schon vor Jahrtausenden in der Mythologie ein Symbol des Lebens, der Fruchtbarkeit oder auch der chaotischen Urkraft. Noch heute findet man die kultische Verehrung des Wassers an »heiligen« Quellen, »Lebenswassern«, »Jungbrunnen« usw. Menschliche Technik, Wirtschaft und Verkehr wären ohne das Wasser überhaupt nicht denkbar.

Auch für die Brandbekämpfung spielte das Wasser seit Urzeiten die größte Rolle. Neben Asche und Sand ist es sicherlich das älteste und bekannteste Löschmittel. Ist das Wasser aber auch heute noch das wichtigste Löschmittel? Wenn man von Jahrzehnt zu Jahrzehnt immer wieder von einem neuen »revolutionierenden« Löschmittel hört, könnte man an der Bedeutung des Wassers als Löschmittel zweifeln. Man sollte sich jedoch nicht irre machen lassen. Jeder Brandschutzpraktiker weiß, dass es sich auch heute noch bei mindestens 90 % aller Brände um Brände handelt, die der Brandklasse A (Brände fester organischer Stoffe) zuzuordnen sind. Gegen diese Brände gibt es, und wird es auch wohl kaum jemals etwas Besseres geben als Wasser. Es hat sich leider seit einigen Jahren – nicht nur bei Laien – sondern zum Teil auch bei Feuerwehrmännern die Meinung gebildet – oder ist sie gebildet worden? –, das Löschen mit Wasser sei »unmodern« geworden. »Neuartige Löschmittel müssen heran, sonst sind wir nicht ›up to date‹!« Diese Meinung ist aber sachlich nicht haltbar, wohl sind Sonderlöschmittel notwendig zur Bekämpfung von Bränden, die mit Wasser *nicht* gelöscht werden können. Sicherlich haben diese Sonderlöschmittel in unserer hochentwickelten

Industriegesellschaft heute eine größere Bedeutung als vor 50 Jahren. Sicherlich sind diese Sonderlöschmittel auch ganz erheblich weiterentwickelt worden. Die Betonung liegt aber beim Wort Sonderlöschmittel immer noch auf »Sonder«, es sind Löschmittel für besondere Brandarten. Hauptlöschmittel ist und bleibt das Wasser!

2.2 Eigenschaften

Wasser ist eine geschmack- und geruchlose, durchsichtige Flüssigkeit, die in dicken Schichten bläuliche Färbung aufweist.

2.2.1 Chemische Eigenschaften

Wasser trägt die chemische Bezeichnung Wasserstoffoxid und hat die Summenformel H_2O.

Von der griechischen Bezeichnung des Wassers »hydro« und der lateinischen Bezeichnung »aqua« sind viele naturwissenschaftliche und technische Begriffe, die mit Wasser in Verbindung stehen, abgeleitet (Hydrant, Aquädukt usw.)

Wasser ist das Verbrennungsprodukt des Wasserstoffs nach der Reaktionsgleichung

$$2\,H_2 + O_2 \rightarrow 2\,H_2O.$$

Das Wassermolekül ist unsymmetrisch, da die beiden Wasserstoffatome im H_2O-Molekül unter einem Winkel von 104° angeordnet sind. Daher bildet das H_2O-Molekül einen Dipol, d. h. es hat ein positiv und ein negativ geladenes Ende. Das O-Atom bildet das negativ geladene Ende; dieses kann außer den vorhandenen 2 H-Atomen noch 2 weitere H-Atome an sich ziehen. Die Dipolnatur des Wassermoleküls ist bestimmend für die große Verdampfungswärme des Wassers und auch für weitere physikalische Eigenschaften.

Dissoziation des Wassers

Technisch wird die Dissoziation des Wassers mittels Elektrolyse vorgenommen (Dissoziation = Zerfall, Trennung).

Unter thermischer Dissoziation versteht man die Zersetzung des Wassers bei extrem hohen Temperaturen. Der Dissoziationsgrad des Wasserdampfes beträgt bei Normaldruck bei

700 °C	etwa	$3 \cdot 10^{-5}$ %
1 000 °C	etwa	$3 \cdot 10^{-3}$ %
1 500 °C	etwa	$2 \cdot 10^{-1}$ %
2 000 °C	etwa	2 %
2 500 °C	etwa	9 %
2 700 °C	etwa	15 %
3 000 °C	etwa	20 %
3 200 °C	etwa	40 %
3 500 °C	etwa	60 %

Von einer Gefahr durch Dissoziation des Wassers kann man aber erst ab etwa 2 000 °C sprechen. Hierbei ist theoretisch die Bildung von Knallgas (Gemisch aus 2 Raumteilen Wasserstoff und einem Raumteil Sauerstoff), das explosionsartig verbrennt, möglich. Die an sich gefährliche Knallgasbildung wird in der Praxis jedoch sehr oft überschätzt. Tatsächlich werden, auch bei Bränden

mit sehr hohen Temperaturen, nur verhältnismäßig geringe Mengen Wasserstoff freigesetzt. Etwas anderes ist die Situation jedoch zu beurteilen, wenn die Dissoziation in Gegenwart von glühenden oder brennenden Metallen stattfindet. Bei glühendem Eisen reagiert das Wasser nach der Gleichung

$$Fe + H_2O \rightarrow FeO + H_2\uparrow.$$

Bei entsprechend hohen Glühtemperaturen können hier ganz erhebliche Mengen Wasserstoff freigesetzt werden und mit dem Luftsauerstoff reagieren. Die bekanntesten Leichtmetalle Aluminium und Magnesium reagieren in brennbarem Zustand mit dem Wasser unter Bildung von Aluminiumhydroxid bzw. Magnesiumhydroxid unter gleichzeitiger Abspaltung von Wasserstoff nach der Gleichung

$$2\ Al + 6\ H_2O \rightarrow 2\ Al(OH)_3 + 3\ H_2\uparrow$$

bzw.

$$Mg + 2\ H_2O \rightarrow Mg(OH)_2 + H_2\uparrow.$$

Hierbei werden ganz erhebliche Mengen Wasserstoff freigesetzt, die zu gefährlichen Reaktionen führen können.

Weitere wichtige chemische Reaktionen des Wassers

Mit Calciumcarbid reagiert Wasser unter Bildung von Calciumhydroxid (Kalkhydrat) und Acetylen nach der Gleichung

$$CaC_2 + 2\ H_2O \rightarrow Ca(OH)_2 + C_2H_2\uparrow.$$

Das freigewordene Acetylen kann dann in Verbindung mit dem Luftsauerstoff zu heftigen Explosionen führen.

Im Gegensatz zu den Leichtmetallen Aluminium, Magnesium und Titan, die nur in brennendem Zustand mit Wasser heftig reagieren, verhalten sich die Alkalimetalle und auch einige Erdalkalimetalle sehr viel gefährlicher. Natrium reagiert mit dem Wasser unter Bildung von Natriumhydroxid (Natronlauge) und Abspaltung von Wasserstoff unter gleichzeitiger starker Wärmebildung explosionsartig. Dies ist besonders dann der Fall, wenn die entstehende Wärme und der Wasserstoff nicht rasch aus der Reaktionszone entweichen können, sondern sich in größerem Umfang stauen bzw. ansammeln. Ebenso verhalten sich Lithium, Kalium und Caesium nach den nachstehend aufgeführten Gleichungen

$2\,Na + 2\,H_2O \rightarrow 2\,NaOH + H_2\uparrow$ + Wärme
(Natrium + Wasser → Natronlauge + Wasserstoff + Wärme)

$2\,Li + 2\,H_2O \rightarrow 2\,LiOH + H_2\uparrow$ + Wärme
(Lithium + Wasser → Lithiumhydroxid + Wasserstoff + Wärme)

$2\,K + 2\,H_2O \rightarrow 2\,KOH + H_2\uparrow$ + Wärme
(Kalium + Wasser → Kalilauge (Kaliumhydroxid) + Wasserstoff + Wärme)

$2\,Cs + 2\,H_2O \rightarrow 2\,CsOH + H_2\uparrow$ +Wärme
(Caesium + Wasser → Caesiumhydroxid + Wasserstoff + Wärme).

Ähnlich, wenn auch in kaltem Zustand nur träge, verhalten sich auch die Erdalkalimetalle Strontium, Calcium und Barium.

Calciumoxid (umgangssprachlich auch gebrannter Kalk, Branntkalk oder Ätzkalk genannt) wird mit Wasser »gelöscht«. Unter »Kalklöschen« versteht man die Verbindung von Wasser mit dem Calciumoxid nach der Gleichung

$CaO + H_2O \rightarrow Ca(OH)_2$ + Wärme
(Calciumoxid + Wasser → Calciumhydroxid + Wärme).

Die Herstellung von Calciumhydroxid (umgangssprachlich auch Kalkhydrat, gelöschter Kalk, Baukalk genannt) ist ungefährlich, wenn Calciumoxid nach und nach ins Wasser gegeben wird. Wird jedoch umgekehrt Wasser in den Kalk gespritzt, kann es zu gefährlichen Reaktionen kommen, wobei Temperaturen bis zu 400 °C entstehen können.

Wird Wasserdampf über glühenden Koks, Grudekoks oder glühende zerkleinerte Braunkohle geleitet, entsteht nach der Gleichung

$C + H_2O \rightarrow CO\uparrow + H_2\uparrow$

Wassergas. Wassergas besteht im Wesentlichen aus etwa 50 Vol.-% Wasserstoff und 40 Vol.-% Kohlenmonoxid sowie geringen Anteilen von Methan, Kohlendioxid, Stickstoff und schweren Kohlenwasserstoffen. Die Wassergasbildung ist bei Bränden sowohl hinsichtlich der Explosionsgefahr als auch der Gefahr durch Atemgift zu beachten.

Letztlich können kleine Wassermengen viele Reaktionen katalytisch beeinflussen (z. B. die Knallgasreaktion, die thermische Zersetzung von Stickstoffdüngern usw.).

2.2.2 Physikalische Eigenschaften

Verschiedene physikalische Grundgrößen, wie Dichte, spezifische Wärme, Wärmeeinheiten u. a., sind auf die entsprechenden Werte des Wassers bezogen.

Dichte des Wassers

Wasser hat seine größte Dichte bei 4 °C. Man spricht von der Anomalie des Wassers, weil seine Dichte bei Erwärmung bis 4 °C zunächst zunimmt. Bei weiterer Erwärmung nimmt sie wieder ab. Die Dichte bei Normaldruck ist aus Tabelle 4 ersichtlich.

Die Gewichtsanomalie des Wassers hat in der Natur eine große Bedeutung, weil Wasser von 4 °C infolge seiner größeren Dichte nach unten sinkt und kältere Wasserschichten nach oben steigen. Die kälteren Schichten gefrieren zu Eis, das auf dem Wasser schwimmend eine Schutzschicht bildet. Somit wird die Wärmeabgabe aus den unteren Schichten des Wassers eingeschränkt. Für die Erhaltung der im Wasser lebenden Tiere ist dieses Phänomen lebenswichtig. Auch für die Brandbekämpfung ist die Anomalie des Wassers von großer Bedeutung, denn ohne sie wäre die Wasserentnahme aus offenen Wasserstellen im Winter in Frage gestellt.

Tabelle 4: Dichte des Wassers nach D'Ans-Lax

°C	g/cm^3	°C	g/cm^3
0	0,999840	40	0,992219
2	0,999940	50	0,98805
4	1 (genau 0,999972)	60	0,98321
6	0,999940	70	0,97779
8	0,999849	80	0,97183
10	0,999700	90	0,96532
20	0,998206	100	0,95835
30	0,995650		

Die Dichte des Eises ist geringer als die des Wassers. Beim Gefrieren dehnt sich das Wasser um etwa $^1/_{11}$ seines Volumens aus. Die Volumenausdehnung beträgt also etwa 9 %; dabei ist mit einer linearen Ausdehnung von etwa 3 % zu rechnen. Wenn Wandlungen von Gefäßen, Rohrleitungen oder Schläuchen eine Elastizität unter 3 % haben, ist eine Zerstörung durch den Druck des Eises zu erwarten.

Wärmeaufnahmefähigkeit des Wassers

Die Temperaturskala nach Celsius (*Anders Celsius*, schwedischer Astronom 1701–1744) beruht auf der Einteilung des Abstandes zwischen dem Gefrierpunkt und dem Siedepunkt des Wassers in 100 gleiche Teile (Grad Celsius – °C).

Die Kelvinskala (*William Thomson*, Lord *Kelvin*, 1824–1907, schottischer Physiker) geht vom absoluten Nullpunkt = 0 Kelvin (0 K) = –273,15 °C aus. 0 °C entsprechen 273,15 K.

Der Schmelzpunkt des Eises beträgt 0 °C bei 1013 hPa. Dieser Wert entspricht ungefähr 1 bar. Der Schmelzpunkt ist nur in geringem Maße druckabhängig. Während er bei einem bar 0 °C ist, liegt er bei 250 bar bei –1,93 °C, bei 500 bar bei –4,05 °C, bei 750 bar bei –6,31 °C, bei 1000 bar bei –8,72 °C und bei 2000 bar bei rund –20 °C. Der Siedepunkt des Wassers beträgt 100 °C bei 1013 hPa. Er ist in stärkerem Maße druckabhängig (Tabelle 5).

Tabelle 5: Siedepunkt des Wassers

hPa	°C	hPa	°C
6,106	0	199,1	60
12,268	10	311,5	70
23,36	20	473,4	80
42,4	30	700,9	90
73,7	40	1013,0	100
123,3	50		
bar	**°C**	**bar**	**°C**
1,5	113	40	254,2
2	122	60	279,8
10	182,6	80	299,5
20	215,6	100	315,7

Der Tripelpunkt des Wassers liegt bei 0,0076 °C. Als Tripelpunkt bezeichnet man den Temperaturpunkt, bei dem die drei Aggregatzustände (fest, flüssig, gasförmig) eines Stoffes sich im stabilen Gleichgewicht befinden können, praktisch also nebeneinander existent sind. Der Dampfdruck beim Tripelpunkt des Wassers beträgt 6,13 hPa.

Die **spezifische Wärmekapazität**[1] des Wassers beträgt bei Normaldruck 4,187 kJ/(kg·K). Das heißt, um 1 kg Wasser um 1 °C zu erwärmen, braucht man 4,187 kJ Wärme. Es handelt sich hierbei um einen Mittelwert aus dem Temperaturbereich von 0 bis 100 °C.

Die *spezifische Wärmekapazität des Eises* und die *spezifische Wärmekapazität des Wasserdampfes* sind ebenfalls druckabhängig und in verschiedenen Temperaturbereichen unterschiedlich. Sie betragen abgerundet etwa 2,1 kJ/(kg·K). Jeder Stoff hat zwei Temperaturpunkte (von der Sublimation einmal abgesehen), bei denen er Wärme aufnimmt, ohne seine Temperatur zu verändern. Diese sind beim Übergang von fest nach flüssig der Schmelzpunkt und beim Übergang von flüssig nach gasförmig der Siedepunkt. Beim umgekehrten Vorgang, nämlich von gasförmig nach flüssig, nennt man diese Temperaturpunkte Kondensationspunkt bzw. von flüssig nach fest Erstar-

---

[1] Die *spezifische Wärmekapazität* (früher *spezifische Wärme*) eines Stoffes ist die Wärmemenge, die 1 kg des Stoffes aufnimmt, wenn seine Temperatur um 1 K (1 °C) steigen soll. Einheit kJ/(kg·K). Frühere Einheit kcal/(kg·°C). Die früher gebräuchliche Wärmeeinheit *Kalorie* (cal) bzw. *Kilokalorie* (kcal) darf nach dem Gesetz über die Einheiten im Messwesen vom 5.7.1970 seit dem 1.1.1978 nicht mehr benutzt werden. Gesetzliche Einheit der Wärmemenge (als einer Arbeit) ist seither nur noch das *Joule* (J) [sprich: dschul] bzw. das *Kilo-Joule* (kJ). Umrechnung: 1 kcal = 4,1868 (praktisch rund 4,2) kJ. Der Sinn dieser international vereinbarten Umstellung liegt darin, dass damit für die Wärme dieselbe Einheit gilt wie für die Arbeit, wodurch umständliche Umrechnungen von Wärme- in mechanische Arbeitsgrößen überflüssig werden, die bisher bei technischen und wissenschaftlichen Berechnungen erforderlich waren. Während die Definition der *Kilokalorie* (»gleich der Wärmemenge, die erforderlich ist, um 1 kg Wasser um 1 °C [von 14,5 °C auf 15,5 °C] zu erwärmen«) noch durchaus anschaulich war, ist dies bei der Definition des *Joule* leider nicht mehr der Fall: Das *Joule* (J) ist gleich der Arbeit, die durch die Kraft von 1 *Newton* (N) verrichtet wird, wenn sich der Angriffspunkt der Kraft um 1 Meter in der Richtung der Kraft verschiebt (1 J = 1 N·1 m).
(Um dies zu veranschaulichen, ein praktisches Beispiel: Hebt man eine Tafel Schokolade (von ca. 100 g Gewichtskraft, entsprechend rund 1 N) einen Meter hoch, so hat man eine Arbeit von 1 Joule verrichtet.)
In der Definition des *Joule* ist die neue Kraft-Einheit *Newton* (N) enthalten, die anstelle der früheren Einheit *Kilopond* (kp) getreten ist.
Das *Newton* (N) ist gleich der Kraft, die einen Körper von der Masse 1 Kilogramm die Beschleunigung von 1 Meter je Sekundenquadrat erteilt (1 N = 1 kg·1 m/s^2). Umrechnung: 1 kp = 9,81 N; 1 N = 0,102 kp; (praktisch: 1 kp = rund 10 N; 1 N = rund 0,1 kp).

rungspunkt. Die *Schmelzwärme* des Eises ist die Wärmemenge, die erforderlich ist, um 1 kg Eis von 0 °C in 1 kg Wasser von 0 °C zu schmelzen. Sie beträgt rund 335 kJ/ kg. Umgekehrt muss dem Wasser die Wärmemenge von rund 335 kJ entzogen werden, um 1 kg Wasser von 0 °C in Eis von 0 °C umzuwandeln.

Verdampfungswärme des Wassers

Als Verdampfungswärme bezeichnet man die Wärmemenge, die notwendig ist, um 1 kg Wasser, das den Siedepunkt erreicht hat, vom flüssigen in den gasförmigen Zustand zu bringen. Zur völligen Verdampfung des bis auf den Siedepunkt erwärmten Wassers sind 2257 kJ/kg erforderlich. Die gleiche Wärmemenge muss dem Wasserdampf entzogen werden, wenn er kondensieren soll.

Rechenbeispiel:

Wie viel Kilojoule (kJ) werden benötigt, um 1 kg Eis von –20 °C in Wasserdampf von 120 °C zu verwandeln? Es werden benötigt, um

(1) 1 kg Eis von –20 °C auf 0 °C zu erwärmen (spezifische Wärmekapazität von 1 kg Eis mal Temperaturdifferenz) 2,1 kJ/°C·20 °C =	42 kJ
(2) 1 kg Eis von 0 °C in Wasser von 0 °C zu schmelzen (Schmelzwärme von 1 kg Eis)	335 kJ
(3) 1 kg Wasser von 0 °C auf 100 °C zu erwärmen (spezifische Wärmekapazität von 1 kg Wasser mal Temperaturdifferenz) 4,1868kJ/°C·100 °C rund	419 kJ
(4) 1 kg Wasser von 100 °C in Dampf von 100 °C umzuwandeln (Verdampfungswärme von 1 kg Wasser)	2257 kJ
(5) 1 kg Wasserdampf von 100 °C auf 120 °C zu erwärmen (spez. Wärmekapazität von 1 kg Wasserdampf mal Temperaturdifferenz) 2,1 kJ/°C·20 °C =	42 kJ
Summe von (1) bis (5)	3095 kJ

Um 1 kg Eis von –20 °C in Wasserdampf von 120 °C zu verwandeln, ist eine Wärmemenge von 3095 kJ erforderlich.

Oberflächenspannung

An der Oberfläche einer Flüssigkeit wirken bestimmte Kohäsionskräfte (Bestreben der einzelnen Moleküle fest zusammenzubleiben). Diese Kräfte sind allerdings nur für einen kleinen Wirkungsbereich zutreffend. Sie zielen auf eine Verkleinerung der Oberfläche ab. Darum werden sie auch als Oberflächenkräfte und die dadurch hervorgerufene Spannung als Oberflächenspannung bezeichnet. Die Oberflächenspannung hat an allen Punkten der Oberfläche die gleiche Größe. Auf das Vorhandensein der Oberflächenspannung ist das Bestreben einer Flüssigkeit, einen Körper kleinster Oberfläche zu bilden, zurückzuführen. Die Folge davon ist die Kugelgestalt eines frei fallenden Tropfens. Leider ist die Oberflächenspannung des Wassers gegen Luft größer als bei den meisten Flüssigkeiten, was sich löschtechnisch nachteilig auswirkt (geringe Netzwirkung). Von wesentlicher Bedeutung ist die Oberflächenspannung des Wassers bei der Anwendung des Sprühstrahles. Die gewöhnlichen Sprühstrahl-Wurfweiten wären ohne eine entsprechende Oberflächenspannung des Wassers nicht erreichbar.

Die Härte des Wassers

Die Härte des Wassers wird in Deutschland in Härtegraden ausgedrückt. Ein deutscher Härtegrad (Grad dH) $\hat{=}$ 10 g CaO pro m^3 H_2O. Der Gehalt an übrigen Erdalkalioxiden wird in äquivalenten Mengen CaO ausgedrückt. So sind *z.* B. auch 7,14 mg Magnesiumoxid (MgO) = 1°dH.

Die Härte des Wassers ist löschtechnisch von geringer Bedeutung, kann sich jedoch nachteilig bei der Erzeugung der verschiedenen Luftschäume auswirken.

Elektrische Leitfähigkeit des Wassers

Chemisch reines Wasser kann praktisch als elektrischer Nichtleiter angesehen werden. Die Leitfähigkeit des Wassers wird jedoch um so größer, je mehr Elektrolyte, d. h. je mehr Salze, Säuren oder Basen darin gelöst sind (Tabelle 6). Aus diesem Grund ist beim Anspritzen spannungsführender Teile ein Stromübergang zum Körper des Strahlrohrführers nicht auszuschließen (Tabelle 7). Zudem wird bei Zugabe von Schaummitteln, Netz- oder Frostschutzmitteln die elektrische Leitfähigkeit wesentlich erhöht und kann auf den 100- bis 1000fachen Wert gegenüber destilliertem Wasser ansteigen. Maßeinheit für die elektrische Leitfähigkeit ist der elektrische Leitwert »S« Siemens. Er ist der reziproke Wert des elektrischen Widerstandes »Ω« Ohm.

$$1\ \mathrm{S} = \frac{1}{1\Omega}$$

In der Tabelle 8 werden die physikalischen Daten des Wassers zusammengefasst.

2.2.3 Physiologische Eigenschaften

Wasser ist geruchlos, geschmacklos und im Allgemeinen ungiftig.

Tabelle 6: Leitfähigkeiten verschiedener Wasserarten und Lösungen

Wasser bzw. Lösung	elektrische Leitfähigkeit µS/cm
reinstes Wasser	0,04
einfach destilliertes Wasser	50
Trinkwasser	275 ... 1200
Flusswasser	920 ... 1350
Meerwasser	12 500 ... 62 800
20 %ige NaCl-Lösung	= 200 000
destilliertes Wasser mit 4 % Schaummittelzusatz	= 3 000
Leitungswasser mit 30 % Schaummittelzusatz	= 24 000 ... 55 000

Tabelle 7: Gefahr für Menschen durch den elektrischen Strom

Wahrnehmbarkeits-grenzen	Wirkungen
0,9... 1,2 mA	gerade spürbar an den Berührungspunkten
1,2... 1,6 mA	Kribbeln an der Hand (wie von Ameisen)
1,6... 2,2 mA	Hand eingeschlafen
Grenzstromstärken	**Wirkungen**
2,2... 2,8 mA	auch im Handgelenk
2,8... 3,5 mA	leichte Handfesseln
3,5... 4,5 mA	stärkere Handfesseln, Gefühl wie Ermüdung im Unterarm
4,5... 5,5 mA	Krampf im Unterarm
5,5... 7,0 mA	leichter Krampf im Oberarm (sehr unangenehm)
7,0... 15,0 mA	Loslassen nicht mehr möglich (15 s auszuhalten)
Gefährdungsgrenze	**Wirkung**
> 50 mA =	tödlich verlaufende Einwirkung

Tabelle 8: Physikalische Daten des Wassers

Gefrierpunkt:	0 °C = 273,15 K bei 1013 hPa
Siedepunkt:	100 °C = 373,15 K bei 1013 hPa
Gewicht von 1 l gesättigtem Wasserdampf bei 100 °C und 1013 hPa:	0,5974 g
Kritische Temperatur:	374,2 °C
Kritischer Druck:	213,3 bar
Kritische Dichte:	0,329 $g \cdot cm^{-3}$
Spezifische Wärmekapazität des Wassers bei 15 °C:	4,187 kJ / (kg. K)
Oberflächenspannung bei 20 °C in Berührung mit feuchter Luft:	$7{,}25 \cdot 10^{-4} N \cdot cm^{-1}$ bzw. $7{,}25 \cdot 10^{-6} J \cdot cm^{-2}$
Dynamische Viskosität bei 0 °C: bei 20 °C:	 1,789 mPa·s 1,005 mPa·s
Spezifische elektrische Leitfähigkeit von ultrareinem Wasser:	– bei 0 °C: $0{,}01 \cdot 10^{-6}\ S \cdot cm^{-1}$ – bei 18 °C: $0{,}04 \cdot 10^{-6}\ S \cdot cm^{-1}$ – bei 50 °C: $0{,}17 \cdot 10^{-6} S \cdot cm^{-1}$

2.3 Vorkommen des Wassers

Im Weltall gibt es keinen Stillstand und keine Ruhe. Alles ist im Fluss und in Bewegung. So kreist auch das Wasser ununterbrochen in seinen drei Aggregatzuständen als Flüssigkeit, Dampf und Eis. Über den Weltmeeren, den Wäldern, den Wiesen und dem bebauten und unbebauten Lande wird es durch die Sonnenwärme verdunstet, steigt empor und formt sich in höheren Luftschichten durch die mit der Abkühlung verbundene Kondensation zu Wolken. Der Wind bewegt sie, treibt sie weiter, und irgendwo ergießen sie sich als Regen auf die Erde nieder, verdampfen, versickern im Boden, werden von den Pflanzen aufgesogen oder fließen in das Weltmeer ab, um wieder zu Wolken zu werden und den Kreislauf von neuem zu beginnen. Die Sonnenwärme ist der gewaltige Motor. 220 Billionen PS (160 Billionen kW) werden dauernd verbraucht, um ungeheure Wassermengen aus Bächen, Flüssen und Meeren Tausende von Metern hochzuheben. Ohne diese gewaltige Leistung geriete der Wasserhaushalt der Erde völlig in Unordnung.

Sämtliche aus der Luft stammenden Niederschläge, einerlei, ob Regen, Hagel, Tau oder Schnee, bezeichnet man als Niederschlagswasser. Die Entstehung dieser Niederschläge ist auf folgende Vorgänge zurückzuführen:

Regen: Infolge Absinkens des Luftdruckes oder der Temperatur verdichtet sich der Wasserdampf in den Wolken zu größeren Tropfen, die nicht mehr schwebend gehalten werden können und daher zur Erde fallen.

Tau: Da Pflanzen und Gräser auch während der Dunkelheit geringe Feuchtigkeitsmengen weiter abgeben, stellen sie infolge der dabei entstehenden Verdunstungskälte den kühlsten Teil in einer Landschaft dar. Die über ihnen befindlichen Luftschichten werden daher stark abgekühlt und erreichen ihren Taupunkt. Die in der Luft enthaltene Feuchtigkeit schlägt sich infolgedessen an den Gräsern und Pflanzen des Bodens nieder.

Nebel: Er bildet sich bei Verdichten von Wasserdampf in den untersten Schichten der Atmosphäre.

Schnee: Der atmosphärische Wasserdampf gefriert bei Temperaturen unter Null zu feinen Eiskristallen, die sich zusammenballen und dann als Flocken herniederschweben.

Graupeln: Sie entstehen, wenn Eisnadeln oder Schneekristalle durch stark unterkühlte Regentropfen zusammengeballt werden.

Rauhreif: Er bildet sich, wenn unterkühlte Nebelteilchen durch Berührung mit festen unter Null temperierten Gegenständen plötzlich gefrieren.

Hagel: In den Gewitterwolken, die sich bis zu 10 km und noch höher erheben, bilden sich aus Eiskristallen und stark unterkühlten Tropfen die so genannten Hagelkerne. Diese fallen nun durch Wolken, die nur unterkühlte Regentropfen und Nebelschwaden enthalten, vereinigen sich mit ihnen zu verschiedenst gestalteten Eisstücken und gehen dann als Hagel hernieder.

Der jährliche Durchschnitt der Niederschläge beträgt in Deutschland 690 mm. Den Gesamtwasserreichtum der Erde schätzt man auf ca. 1300 bis 1500 Millionen km^3. Das ist der 730. Teil des Erdvolumens. 99 % davon befinden sich in den Ozeanen, der Rest in Flüssen, Seen und Gletschern, als Grundwasser in den oberen Erdschichten oder als Wasserdampf in der Atmosphäre. Jährlich fallen ca. 25 000 km^3 Wasser auf die Erde nieder. Wegen der großen Ausdehnung der Ozeane entfällt auf die Kontinente jedoch nur etwa ein Fünftel dieser Menge.

2.3.1 Grundwasser

Als echtes oder natürliches Grundwasser bezeichnet man alles unter der Erdoberfläche befindliche Wasser. Der Gehalt der einzelnen Formationen an Wasser ist allerdings sehr verschieden. Man findet Wasser nur in einem wasserdurchlässigen Gestein (Wasserträger), unter dem sich eine wasserundurchlässige Schicht (Wasserstauer) befindet. Diese verhindert ein Absacken des Wassers in größere Tiefen. Es ist erwünscht, dass der Wasserträger nach oben hin durch eine wasserundurchlässige Schicht gegen Verunreinigung durch Oberflächenwasser geschützt ist und das Wasser von der Seite in den Wasserträger eintritt, um einen möglichst langen Filterweg zu erreichen. Außerdem spielen die eine Ansammlung von Wasser begünstigenden und hemmenden Faktoren, wie z. B. die Niederschlagshöhe und die Gestaltung der Erdoberfläche (Wald, Steppe), Luv- und Lee-Seite der Gebirge sowie die Hauptwindrichtung eine große Rolle. Im Allgemeinen tritt das Wasser im Boden in vier verschiedenen Formen auf:

- als freies, tropfbares, abpumpbares, flüssiges Wasser (eigentliches Grundwasser);
- als kapillar festgehaltenes, flüssiges Wasser (Bodenfeuchte);
- als freier mit der Bodenluft gemischter Wasserdampf;
- als hygroskopisch gebundener adsorbierter Wasserdampf.

Entweder sammelt sich das Grundwasser in größeren unterirdischen Mulden (stehendes Grundwasser), oder es fließt auf schräg gestellten, wasserundurchlässigen Schichten in Richtung auf einen oberirdischen Ausfluss wie eine Quelle oder ein Flussbett ab (strömendes Grundwasser). Nur strömendes Grundwasser ist für größere Wasserversorgungsanlagen brauchbar, da es beim Abpumpen infolge steten Zuflusses nie versiegt. Unter der Erdoberfläche, vornehmlich in den alten Urstromtälern, sammelt sich das Wasser auch zu richtigen unterirdischen Flüssen, Bächen und Strömen, die meist den oberirdischen parallel sind oder ihnen auch im spitzen Winkel zufließen. Für die Fortbewegung des Grundwassers ist die Art des durchflossenen Gesteins von größter Bedeutung. Man unterscheidet:

- Plastische Schichten, die kein Wasser durchlassen. Sie wirken als Grundwasserstauer und bestehen aus Ton, Mergel, Braunkohlen oder Eruptivgesteinen.
- Wasserdurchlässige oder poröse Schichten wie Sandsteine, Konglomerate und Tuffe.
- Wasserhaltende lockere Schichten mit großem Wasserspeichervermögen. Sie wirken als Grundwasserträger und bestehen aus Sanden, Kiesen und Schottern.

Den Spiegel des unter der Erdoberfläche liegenden Grundwassers bezeichnet man als Grundwasserspiegel. Er ist im flachen Land der norddeutschen Tiefebene mit gewissen Ausnahmen ziemlich gleichmäßig, während er im Gebirge je nach Untergrund und Gestein stark wechselt. Aber auch der Grundwasserspiegel selbst ist Schwankungen unterworfen. Er steigt bei ausgiebigen Regenfällen, bei Umschlag von Frost auf Tauwetter, bei starken Temperaturerhöhungen und bei lebhaften warmen Winden. Er fällt bei anhaltender Trockenheit, starkem Frost, starken Temperaturstürzen, Schneefällen auf gefrorenem Boden und kalten östlichen Winden. Er bleibt unverändert nach gleichmäßigen Landregen, nach Schneefällen auf nicht gefrorenem Boden und nach Eindringen von Schmelzwasser in den Boden. Der Grundwasserspiegel ist am höchsten während der Monate März/April und am niedrigsten während der Monate September/Oktober. Je größer die Differenz zwischen Boden- und Lufttemperatur, um so höher ist im Allgemeinen der Grundwasserstand.

2.3.2 Quellwasser

Unter Quellwasser versteht man Grundwasser, das entweder aus künstlich angeschnittenen oder durch Verwerfung von Bodenschichten freigelegten unterirdischen Wasserbahnen zutage tritt. Alle Quellen verdanken der Tatsache ihr Entstehen, dass in der Erdoberfläche wasserdurchlässige Schichten (Wasserträger) und wasserundurchlässige Schichten (Wasserstauer) vorkommen, die im Laufe der Erdgeschichte zu verschiedenen Zeiten gebildet und durch Faltungen der Erdrinde gegeneinander verlagert und schräg gestellt wurden. Alle Wasser unterliegen dem Gesetz der Schwerkraft, d. h. sie durchfließen den Wasserträger, stoßen auf den Wasserstauer und fließen dann auf ihm entlang, bis sie irgendwie als Quelle ins Freie kommen. Schütten Quellen reines Grundwasser, bezeichnet man sie als vados (in der Erdkruste zirkulierend), fördern sie dagegen Wasser aus sehr großen Tiefen, das noch nie am allgemeinen Wasserkreislauf teilgenommen hat, nennt man sie juvenil (dem Erdinnern entstammend). Juvenile Wasser werden meist durch gewaltige Gasdrücke von unten durch Gesteinspalten nach oben befördert.

Das Gelände oberhalb einer Quelle ist ihr Einzugsgebiet, da hier das Wasser für die Quelle aufgefangen und ihr zugeleitet wird. Die geologische Beschaffenheit des Einzugsgebietes ist von größtem Einfluss auf die Güte der Quelle. Gewachsener Boden hat gute Filterungseigenschaften. Felsige, stark zerklüftete Gesteine lassen häufig ohne jede Reinigung das Wasser einfach durchsickern. Eine besonders geringe Filterungswirkung haben Kalkböden.

2.3.3 Oberflächenwasser

Den dritten großen Wasservorrat bildet das Oberflächenwasser. Zu ihm rechnet man alles Wasser, das sich in Bächen, Flüssen, Seen und Talsperren befindet. Es stellt praktisch ein Gemisch aus Grund-, Quell-, Regen- und Abwasser dar. Das Grundwasser tritt durch künstliche oder natürliche Drainagen in die Flüsse ein. Das Quellwasser fließt meist in kleinen Rinnsalen ungenutzt in die Bäche oder bildet überhaupt ihren Ursprung. Das Regenwasser tropft entweder direkt auf die Wasserfläche oder wird durch Gräben und Kanalisation in die Flüsse abgeleitet. Weiter nehmen unsere Wasserläufe leider auch sehr häufig den gesamten Abwasserauslauf der Städte auf.

2.3.4 Uferfiltriertes und künstliches Grundwasser

Ein Mittelding zwischen Grundwasser und Oberflächenwasser stellen das uferfiltrierte und das künstliche Grundwasser dar. Das Flusswasser hat normalerweise keinen Zusammenhang mit dem Grundwasser. Jedenfalls ist ein Übergang von Flusswasser in Grundwasser sehr selten. Das Flussbett ist durch Ablagerung von feinsten Tonteilchen mit der Zeit dicht geworden und verschlammt, dass man praktisch «trockenen Hauptes« unter einem Flussbett durchgehen könnte, ohne eine Spur von durchsickerndem Wasser zu bemerken. Zur Gewinnung uferfiltrierten Grundwassers werden in einer Entfernung von ca. 100 m vom Flussufer Rohrbrunnen heruntergetrieben, aus denen dann das seitlich vom Bett aus in das echte Grundwasser eingedrungene Flusswasser abgepumpt wird.

Zur Gewinnung künstlichen Grundwassers wird Oberflächenwasser in Gräben oder in dafür besonders hergerichteten Becken, so genannte Anreicherungsbecken, geleitet. Es versickert, vermehrt damit das Grundwasser und wird aus Brunnen, die etwa in 50 m Entfernung seitlich stehen müssen, wieder abgepumpt.

2.4 Löschwirkungen

Die hervorragende Löschwirkung des Wassers ist in erster Linie auf sein außerordentlich hohes Wärmebindungsvermögen zurückzuführen. Dadurch besitzt es die Fähigkeit, in einem besonders starken Maße *abkühlend zu* wirken. Das hohe Wärmebindungsvermögen des Wassers beruht einerseits auf seiner sehr hohen *spezifischen Wärmekapazität* und andererseits auf seiner extrem hohen *Verdampfungswärme.*

In dem für das Löschen durch »Abkühlen« wesentlichen Temperaturbereich zwischen 10 und 100 °C kann 1 Liter Wasser die außerordentlich große Wärmemenge von rund 2 635 kJ binden, und zwar rund 375 kJ durch Erwärmen von 10 °C auf 100 °C und rund 2260 kJ durch Verdampfen bei

100 °C. In keinem der beiden Werte wird das Wasser von irgendeinem anderen als Löschmittel verwendbaren Stoff auch nur annähernd erreicht, geschweige denn übertroffen.

Durch die abkühlende Wirkung des Wassers werden nicht nur die thermischen Reaktionsbedingungen gestört, sondern gleichzeitig wird auch die weitere thermische Aufbereitung brennbarer fester Stoffe organischer Natur unterbrochen, sodass keine brennbaren Gase und Dämpfe nachgeliefert werden. In welchem Maße das hohe Wärmebindungsvermögen des Wassers auch praktisch zur Geltung gebracht werden kann, hängt ganz wesentlich von seinem Zerteilungsgrad ab. In je feinere Tröpfchen das Wasser zerteilt wird, um so größer seine »spezifische Oberfläche«, d. h. seine Oberfläche im Verhältnis zur Masse. Eine große spezifische Oberfläche bedeutet eine entsprechend große Kontaktfläche für den Wärmeübergang. Die kleinen Tröpfchen eines Sprüh- oder Nebelstrahles können daher wesentlich schneller erwärmen, sieden und verdampfen als die zusammenhängende Masse eines Vollstrahles.

Diese theoretische Erkenntnis lässt sich jedoch nur mit Einschränkung in die Praxis umsetzen. So kann die Forderung nach einer angemessenen Wurfweite wegen der geringen Masse der feinen Wassertröpfchen einerseits und wegen ihres eigenen Widerstandes gegen die starken Auftriebskräfte der Brandgase andererseits nur sehr unvollkommen erfüllt werden. Auch erfordert die Erzeugung feiner und feinster Wassertröpfchen bei hinreichender Förderleistung einen nicht unbeträchtlichen apparativen Aufwand. Hierauf wird bei der Besprechung der Anwendungsarten noch näher einzugehen sein. Außer der abkühlenden Wirkung kommt auch eine *erstickende* Wirkung in Betracht, und zwar durch den entstehenden *Wasserdampf.* Aus 1 l Wasser werden bei restloser Verdampfung rund 1700 l Wasserdampf erzeugt. Theoretisch müsste sich mit dieser beträchtlichen Dampfmenge infolge der Verdünnung des Luftsauerstoffs eine gute erstickende Löschwirkung erzielen lassen. In der Praxis kommt jedoch der erstickenden Wirkung des Wasserdampfes keine besondere Bedeutung zu. Wasserdampf entsteht gerade in den Fällen nicht, wo seine erstickende Wirkung von Nutzen wäre, nämlich bei reinen Flammenbränden, da das Wasser hier viel zur kurzzeitig mit den Flammen in Berührung kommt, um in einem nennenswerten Maße zu verdampfen. Wesentliche Dampfmengen können nur bei Glutbränden entstehen. Doch hier kommt es wiederum nicht auf die erstickende Wirkung des Dampfes an, sondern entscheidend auf die abkühlende Wirkung des Wassers. Der Wasserdampf kann im übrigen auch schon deshalb kaum wirksam werden, weil er viel zu schnell aus der Glutzone entweicht. Im Gegensatz zu anderen gasförmigen Löschmitteln ist Wasserdampf leichter als Luft, und zwar um etwa ein Drittel. Daher lässt sich selbst bei Bränden in geschlossenen Räumen keine sichere Löschwirkung durch Wasserdampf erzielen.

Früher hat man auf dampfbetriebenen Handelsschiffen versucht, bei Bränden in Lagerräumen den reichlich verfügbaren Kesseldampf als Löschmittel einzusetzen. Dabei musste aber die Erfahrung gemacht werden, dass zunächst der größere Teil des Dampfes durch Kondensation an den noch kühleren Metallwänden verloren ging. Sofern nicht große Dampfmengen längere Zeit kontinuierlich eingeleitet werden konnten, entstand durch die Kondensation Unterdruck, wodurch Frischluft angesaugt und der Brand erneut angefacht wurde. Da es sich fast durchweg um Brände fester, glutbildender Stoffe handelte, musste die Löschwirkung des Dampfes naturgemäß unzureichend bleiben. Das höchst problematische »Dampflöschverfahren« ist daher schon seit langem durch wirksamere und zuverlässigere Löschverfahren ersetzt worden.

Eine erstickende Wirkung durch Anwendung von Wasser lässt sich nur in einigen Ausnahmefällen bei brennbaren Flüssigkeiten erzielen, und zwar durch Ausnutzen der Tatsache, dass brennbare Flüssigkeiten unterhalb ihres Flammpunktes keine brennbaren Dämpfe mehr abgeben. Das Unterschreiten des Flammpunktes führt, wie bereits im Kapitel 1.4 erläutert wurde, wegen der zu gering gewordenen Konzentration der Dämpfe zum Ersticken der Flammen (Ersticken durch »Abmagern«). Diese erstickende Wirkung kann bei brennbaren Flüssigkeiten, deren Flammpunkte wesentlich höher als die Temperatur des Löschwassers liegen (Gefahr-Klasse II und höher) auf indirektem Wege dadurch herbeigeführt werden, dass die Flüssigkeitsoberfläche mittels Sprühstrahl bis unter den Flammpunkt abgekühlt wird. Bei *wasserlöslichen brennbaren Flüssigkeiten, z.* B. Alkohol, ist der Flammpunkt abhängig von der Konzentration der brennbaren Flüssigkeit im Wasser. Das *Verdünnen mit Wasser* führt zu einer Erhöhung des Flammpunktes. Infolgedessen ist selbst bei Flüssigkeiten mit Flammpunkten unter Normaltemperatur – zumindest theoretisch – möglich, durch entsprechende Verdünnung mit Wasser ein Unterschreiten des nunmehr erhöhten Flammpunktes und damit eine erstickende Löschwirkung zu erreichen. Praktisch lässt sich diese Möglichkeit allerdings nur schwer realisieren.

Der Flammpunkt von reinem Alkohol liegt z. B. bei 12 °C. Das Diagramm (Bild 9) verdeutlicht die Abhängigkeit des Flammpunktes von Alkohol von der Verdünnung mit Wasser.

Aus dem Diagramm lässt sich entnehmen, dass mindestens die zwei- bis dreifache Wassermenge erforderlich ist, um hochkonzentrierten Alkohol so weit zu verdünnen, dass eine nennenswerte, praktisch nutzbare Flammpunktserhöhung eintritt. Nachteilig wirkt sich dabei aus, dass beim Mischen von Alkohol mit Wasser Lösungswärme frei wird, wodurch die Temperatur

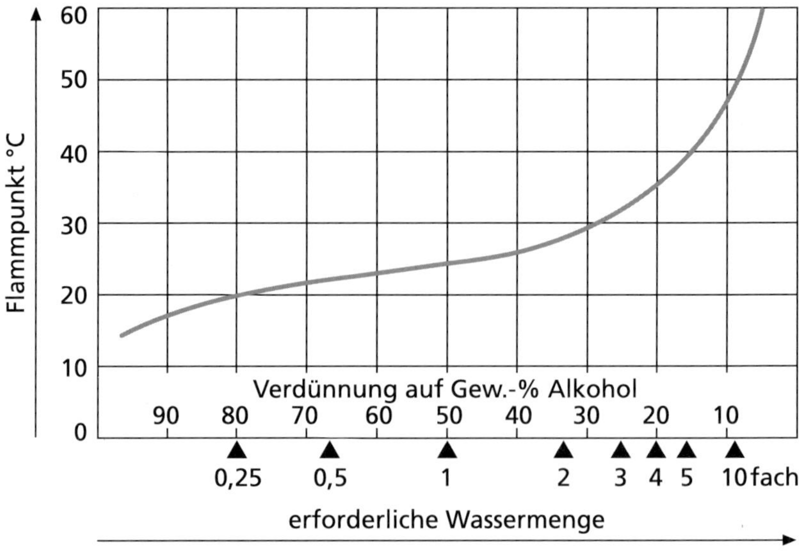

Bild 9: Erhöhung des Flammpunktes von Alkohol durch Verdünnen mit Wasser

des Alkohol-Wasser-Gemisches zunächst ebenfalls ansteigt. Ungünstig wirkt sich weiterhin aus, dass Alkohol leichter als Wasser ist und daher an der Oberfläche bleibt und dort weiterbrennen kann.

Hieraus ergibt sich, dass dieses Löschverfahren ziemlich problematisch und eigentlich nur bei verschütteten Flüssigkeiten im Freien anwendbar ist, wo unbedenklich mit großem Wasserüberschuss gearbeitet werden kann. Zum Ablöschen wasserlöslicher Flüssigkeiten, welche in Tanks oder anderen Behältern brennen, ist dieses Verfahren wegen der Gefahr des Überlaufens meistens ungeeignet. Bei anderen wasserlöslichen Flüssigkeiten liegen die Verhältnisse ähnlich. Die wichtigsten Flüssigkeiten dieser Art sind:

- Ethylalkohol (Ethanol, Weingeist, Spiritus, auch einfach: Alkohol),
- *Acetaldehyd* (Ethanal, auch einfach Aldehyd – wichtiges Synthesemittel),
- *Aceton* (Propanon, Essiggeist – Lösungsmittel für Acetylen, Synthesemittel, Klebemittelherstellung),
- *Dioxan* (wichtiges Lösungsmittel),
- *Methylalkohol* (Methanol, Carbinol, Holzgeist – Farbstoffsynthese, Kunststoffherstellung, Treibstoffzusatz usw.),
- *Propylalkohol* (Propanol – Desinfektionsmittel, Herstellung von Kunststoffen, Lacken und Wachsen),

- *Pyridin* (Lösungs- und Synthesemittel, Denaturierung von Alkohol zu Spiritus).

Bei allen Flüssigkeiten dieser Art kann das Löschen durch »Verdünnen mit Wasser« nur in ganz besonders gelagerten Fällen zweckmäßig sein. Normalerweise ist hier die Anwendung von alkoholbeständigem Schaum das gegebene Löschverfahren. Auch Löschpulver ist je nach Sachlage anwendbar.

2.5 Anwendungsarten

Wenn man die Anwendungsarten des Wassers von der geschichtlichen Entwicklung her betrachtet, dann bestand in früheren Zeiten praktisch keine andere Möglichkeit als das Wasser mit Hilfe von Krügen, Schalen oder Eimern in den Brandherd zu schleudern, eine höchst unvollkommene und wenig wirksame Anwendungsart, von der noch der altbekannte Ledereimer zeugt. Erst die Entwicklung brauchbarer Feuerspritzen, die mit Beginn des 16. Jahrhunderts einsetzte, ermöglichte es, einen geschlossenen Strahl zu bilden. Mit dem so genannten »Schwanenhals« konnte man schon einen Strahl erzeugen, der immerhin einige Meter überbrückte. Nachdem dann die Erfindung der Feuerlöschschläuche um 1672 einen entscheidenden Fortschritt gebracht hatte, war es das Hauptziel der weiteren Entwicklung, Wasserstrahlen von möglichst großer Wurfweite und -höhe zu erzeugen, um den Brandherd auch unter ungünstigen Umständen noch sicher erreichen zu können. Der Vollstrahl blieb nun mehrere Jahrhunderte hindurch die einzige Anwendungsart des Löschwassers.

Erst im 19. Jahrhundert erkannte man, dass auch ein zerstäubter oder versprühter Strahl vorteilhaft sein konnte. Dieser Sprühstrahl wurde aber noch nicht apparativ erzeugt. Die einfachste Sprühstrahlmethode ergab sich, wenn man den Daumen auf die Düse drückte und somit eine mehr oder weniger gute Versprühung erreichte. Aus dieser manuellen Störung des austretenden Vollstrahles entwickelte sich dann das Sprühstrahlrohr, in das ein Störkörper eingebaut wurde.

Eine Verfeinerung der Sprühstrahlen zu einem Nebelstrahl wurde in den vierziger bis fünfziger Jahren hauptsächlich in den USA betrieben. Heute kann man drei Strahlarten unterscheiden:

1. Vollstrahl
2. Sprühstrahl
3. Wassernebel.

Begriffe
Vollstrahl und Sprühstrahl sind in DIN 14365 Teil 1 und 2 klar voneinander abgegrenzt. Hier ist auch festgelegt, welche Tropfengröße und Wurfweite der Sprühstrahl im Mittel hat. Bei den genormten Mehrzweckstrahlrohren PN 16 liegt der mittlere Tropfendurchmesser beim Sprühstrahl zwischen $15 \cdot 10^{-1}$ mm und $5 \cdot 10^{-1}$ mm.

Angaben über Wassernebel sind im deutschen Normenwerk nicht zu finden. Verschiedene Veröffentlichungen geben die beim Hochdruckwassernebel auftretenden Tropfendurchmesser mit bis zu einer Zehnerpotenz ($5 \cdot 10^{-2}$) niedriger als die des konventionellen Sprühstrahls an. Diese Werte beziehen sich in der Regel auf einen Pumpenausgangsdruck von 40 bar, die Verwendung eines modernen Nebelpistolenrohrs und einen Strahlrohrdruck von 32 bar.

2.5.1 Vollstrahl

Die Vorteile des Vollstrahls sind hauptsächlich seine große *Wurfweite* (siehe Tabelle 9) und seine erhebliche *Auftreffwucht.*

Die große Wurfweite ist von Vorteil, wenn große Entfernungen zu überbrücken sind, wenn also der eingesetzte Trupp aufgrund besonderer Gefahren (z. B. starke Wärmestrahlung, Einsturzgefahr usw.) nicht nahe an den Brandherd herankommen kann. Aber auch wenn eine gezielte Wirkung auf bestimmte Punkte oder durch enge Spalte, z. B. bei brennenden Holzstapeln, erreicht werden muss, ist die Wurfweite wichtig.

Tabelle 9: Wurfhöhe und Wurfweite in Abhängigkeit vom Druck am Strahlrohr

		Mundstückweite in mm															
Druck am Strahlrohr		8		9		10		12		14		16		18		20	
bar	mWS	H	W	H	W	H	W	H	W	H	W	H	W	H	W	H	W
2,9	30	12	17	14	20	16	22	17	23	18	24	19	26	20	27	21	28
3,9	40	13	18	16	22	18	24	19	25	20	26	21	28	22	29	23	31
4,9	50	14	19	17	24	19	26	20	27	21	28	22	30	24	32	26	34
5,9	60	15	20	19	26	21	28	22	29	23	30	24	32	26	34	28	37
6,9	70	16	21	20	28	22	30	23	32	24	33	26	35	28	37	30	40
7,8	80	16	21	21	29	23	31	24	33	25	34	28	38	30	40	32	43
9,1	100	15	20	20	28	21	30	25	34	27	36	30	41	32	43	35	47
11,8	120	14	20	19	26	21	28	24	33	26	35	31	42	33	45	37	49

		Mundstückweite in mm															
Druck am Strahlrohr		22		24		26		28		30		32		36		40	
bar	mWS	H	W	H	W	H	W	H	W	H	W	H	W	H	W	H	W
2,9	30	22	29	23	30	24	31	24	32	25	33	26	34	27	35	27	35
3,9	40	25	33	26	34	27	36	29	39	30	40	30	41	31	42	31	43
4,9	50	28	37	29	30	32	41	33	44	34	46	34	48	35	49	35	50
5,9	60	30	40	31	42	33	45	37	49	38	52	38	54	39	55	39	56
6,9	70	32	43	33	45	37	49	40	53	42	56	42	58	43	60	43	61
7,8	80	34	46	36	48	39	52	43	57	45	60	46	62	46	64	47	66
9,8	100	37	50	40	53	43	58	47	63	50	67	50	68	51	70	52	71
11,8	120	39	53	42	57	48	63	51	68	54	72	52	69	53	72		

H = Wurfhöhe in m W = Wurfweite in m

Die große Auftreffwucht ermöglicht das tiefe Eindringen in Glutnester, aber auch das »Aufräumen mit dem Strahlrohr«, d. h. Beiseitespritzen von Kisten, Kartons, Abdecken von Dachpfannen usw.

Die Wirkung des Vollstrahles kann gegebenenfalls durch das »Pinseln« mit dem Strahlrohr (Hin- und Herbewegen des Rohres – »Wedeln« –) verbessert werden, weil dadurch eine zweckmäßigere Verteilung des Wassers bewirkt wird.

Grundsätze für den Einsatz des Vollstrahles sind:

1. Das *Eingrenzen des Brandes* ist zunächst wichtiger als das Ablöschen. Der weitreichende und kräftige Vollstrahl ist normalerweise am besten geeignet, um solche Stellen schnell zu erreichen und wirksam zu schützen, an denen die Gefahr der Brandausbreitung besteht.
2. Die *Wahl der Strahlrohrgröße* (B, C, D) und der Düse bzw. des Mundstücks (siehe Tabelle 10) ist von der Art und der Größe des Brandes abhängig. Bei zu klein gewählten Mundstücken ist der Vollstrahl unwirksam, bei zu großen ist mit unnötigem Wasserschaden zu rechnen.
3. Der *Strahlrohrdruck* wird von der Art und Größe des Brandes bestimmt. Wenn große Höhen oder Weiten zu überbrücken sind oder eine große Auftreffwucht verlangt wird, soll der Strahlrohrdruck hoch sein (6 bis 9 bar – und auch darüber), bei kleineren Bränden (insbesondere bei Zimmerbränden) genügt ein geringer Druck (2 bis 3 bar).
   Der oft als »normaler Strahlrohrdruck« bezeichnete Druck von 5 bar ist jedenfalls im praktischen Einsatz durch nichts begründet. Er ist nichts an-

Tabelle 10: Strahlrohrgrößen (B, C, D)

M-Strahlrohr	Innendurchmesser für		Wasserdurchfluss bei 5 bar [l/min]	
Kurzzeichen	Mundstück mm	Düse mm	min.	max.
DM	4	–	18	28
	–	6	40	65
CM	9	–	105	125
	–	12	170	230
BM	16	–	335	395
	–	22	565	775

deres als ein Prüfdruck, der reproduzierbare Prüfbedingungen nach Norm für Durchflussmengen, Wurfbilder usw. zulässt (siehe Tabelle 11). Die durch hohen Druck durchaus zu steigernde Wirkung eines Vollstrahles sollte man also bei entsprechend großen Bränden ausnutzen. Ebenso sollte man umgekehrt berücksichtigen, dass bei kleineren Bränden mit niedrigem Druck erheblich weniger Schaden angerichtet wird.

4. Man gehe so nah, wie es die Gefahrenlage zulässt, an den Brandherd heran, denn nur dann kann die volle *Auftreffwucht* des Vollstrahls genutzt werden. Die Wirkung des Vollstrahls ist um so besser, je tiefer er in die Glutschichten eindringen kann. Falls kein Augenschutz getragen wird, muss jedoch ein Mindestabstand von 3 m eingehalten werden. Mit dem Herausschleudern von Glutteilchen oder anderen Gegenständen muss gerechnet werden.
5. Die am Strahlrohr auftretende *Rückkraft* ist zu beachten. Insbesondere bei B-Rohren, aber auch bei Vornahme von C-Rohren über Leitern oder auf Dächern kann die Rückkraft des Rohres zu Unfällen führen. Nach Möglichkeit sollen die letzten Meter des Schlauches hinter dem Strahlrohr so gerade verlegt sein, dass die Rückkraft in Richtung der Strahlrohrachse auf den Boden übertragen wird.
   Die Rückkraft lässt sich für die Praxis ausreichend genau ermitteln aus der Formel

   $F_R \; 0{,}15 \cdot d^2 \cdot P_{st}$

   F_R – Rückkraft [N] (10 N entsprechen etwa der früheren Kraft-Einheit 1 kp)
   d – Düsen- oder Mundstückdurchmesser [mm]
   P_{st} Strahlrohrdruck [bar]

Tabelle 11: Wasserfluss durch Strahlrohrmundstücke DIN 14200

Druck	Mundstückdurchmesser d in mm																		
P	4	6	8	9	10	12	14	16	18	20	22	24	26	28	30	32	34	36	38	40
in bar	Wasserdurchfluss Q in l/min																			
1	11	24	42	54	66	95	130	170	215	265	310	380	445	520	595	675	765	855	955	1060
1,5	13	29	52	66	81	115	160	205	260	325	390	465	545	635	730	830	935	1050	1170	1300
2	15	34	60	76	93	135	185	240	305	375	450	540	630	735	840	955	1080	1210	1350	1500
2,5	17	38	67	85	105	150	205	270	340	420	505	600	705	820	940	1070	1210	1350	1510	1670
3	18	41	73	93	115	165	225	295	370	460	555	660	775	900	1030	1170	1320	1480	1650	1830
3,5	20	45	79	100	125	180	240	315	400	495	600	710	835	970	1110	1270	1430	1600	1790	1980
4	21	48	85	105	130	190	260	340	430	530	640	760	895	1040	1190	1350	1530	1710	1910	2120
4,5	22	50	90	115	140	200	275	360	454	560	680	810	950	1100	1260	1440	1620	1820	2020	2240
5	24	53	95	120	150	215	290	380	480	590	715	850	1000	11fiO	1330	1510	1710	1920	2130	2360
5,5	25	56	99	125	155	225	305	395	500	620	750	895	1050	1220	1400	1590	1790	2010	2240	2480
6	26	58	105	130	160	235	315	415	525	650	785	935	1090	1270	1460	1660	1870	2100	2340	2590
6,5	27	61	110	135	170	245	330	430	545	675	815	970	1140	1320	1520	1730	1950	2180	2430	2700
7	28	63	110	140	175	250	345	450	565	700	845	1010	1180	1370	1570	1790	2020	2270	2530	2800
7,5	29	65	115	145	180	260	355	465	585	725	875	1040	1220	1420	1630	1850	2090	2350	2610	2900
8	30	67	120	150	185	270	365	480	605	750	905	1080	1260	1470	1680	1910	2160	2420	2700	2990
8,5	31	69	125	155	195	280	380	495	625	770	939	1110	1300	1510	1730	1970	2230	2500	2780	3100
9	32	71	125	160	200	285	390	510	640	795	960	1140	1340	1550	1780	2030	2290	2570	2860	3150
9,5	33	73	130	165	205	295	400	520	660	815	985	1170	1380	1600	1830	2090	2360	2640	2940	3250
10	33	75	135	170	210	300	410	535	670	835	1010	1200	1410	1640	1880	2140	2420	2710	3000	3350
10,5	34	77	135	175	215	310	420	550	695	855	1040	1230	1450	1680	1930	2190	2480	2780	3100	3450
11	35	79	140	180	220	315	430	560	710	875	1060	1260	1480	1720	1979	2240	2530	2840	3150	3500
11,5	36	81	145	180	225	325	440	575	725	895	1080	1290	1510	1760	2020	2300	2590	2900	3250	3600
12	37	82	145	185	230	330	450	585	740	915	1110	1320	1550	1800	2060	2340	2650	2970	3300	3650
12,5	37	84	150	190	235	335	460	600	755	935	1130	1350	1580	1830	2100	2390	2700	3050	3350	3750
13	38	86	155	195	240	345	465	610	770	955	1150	1370	1610	1870	2140	2440	2760	3100	3450	3800
13,5	39	87	155	195	245	350	475	620	785	970	1180	1400	1640	1900	2190	2490	2810	3150	3500	3900
14	40	89	160	200	245	355	485	635	800	980	1200	1420	1670	1940	2230	2530	2860	3200	3550	3950
14,5	40	91	160	205	250	360	495	645	815	1010	1220	1450	1700	1970	2270	2580	2910	3250	3650	4050
15	41	92	165	205	255	370	500	655	830	1020	1240	1470	1730	2010	2300	2620	2960	3300	3700	4100
15,5	42	94	165	210	260	375	510	665	845	1040	1260	1500	1760	2040	2350	2670	3000	3400	3650	4150
16	42	95	170	215	265	380	520	675	855	1060	1280	1520	1790	2070	2380	2710	3050	3450	3800	4250

Tabelle 12: Rückkraft der genormten Strahlrohre (gerundet)

Strahlrohr	bei 3 bar N	bei 5 bar N	bei 7 bar N	bei 10 bar N
D 4 mm	7	12	17	25
D 6 mm	16	28	38	54
C 9 mm	36	60	8	120
C 12 mm	65	110	150	220
B 16 mm	120	190	270	390
B 22 mm	220	360	500	730

Die Rückkraft der genormten Strahlrohre ist aus Tabelle 12 ersichtlich.

2.5.2 Sprühstrahl

Bei Sprühstrahlrohren nach DIN 14365 muss durch die Sprüheinrichtung der Wasserstrahl so zerteilt werden, dass der mittlere Tropfendurchmesser zwischen 0,5 mm und 1,5 mm liegt. Die mittlere Wurfweite und die Wurfbreite müssen den nachstehend aufgeführten Werten entsprechen (vgl. Tabelle 13).

Der besondere Vorteil des Sprühstrahles gegenüber dem Vollstrahl liegt darin, dass er eine größere Kühlwirkung ermöglicht, weil die kleinen Wassertröpfchen dieses Strahles schneller verdampfen als die kompakte Wassermenge eines Vollstrahles. Der Sprühstrahl löscht also schneller. Es wird weniger Wasser verbraucht. Das führt letzten Endes auch zu geringerem Wasserschaden. Die schnelle Wasserdampfbildung kann zusätzlich auch eine erstickende Wirkung auf Flammen hervorrufen, was jedoch praktisch nur in geschlossenen Räumen von Bedeutung ist.

Tabelle 13: Mittlere Wurfweite und Wurfbreite von Strahlrohren

Strahlrohr	Mittlere Wurfweite bei 5 bar mindestens m	Wurfbreite bei 5 bar mindestens m
DM	5	0,6
CM	5	1,2
BM	6,5	2,0

Im Gegensatz zum Vollstrahl, der praktisch nur eine Punktwirkung hat, erreicht man darüber hinaus eine Wirkung in der Breite und bei entsprechender Anwendung auch eine Raumwirkung.

Weiterhin besteht mit dem Sprühstrahl eine bessere Möglichkeit, den vorgehenden Trupp gegen heißen Wasserdampf zu schützen.

Grundsätze für den Einsatz des Sprühstrahls sind:

1. Die beste Löschwirkung erreicht der Sprühstrahl bei Bränden in Räumen.
2. Man löscht mit dem Sprühstrahl von unten beginnend nach oben. Hierdurch erreicht man im Allgemeinen zunächst eine Verbesserung der Sicht. Bei »gewöhnlichen« Bränden (Vorsicht bei Staubaufkommen!) kann von Zeit zu Zeit auf Vollstrahl umgeschaltet werden, vor allem, wenn der Sprühstrahl nicht ausreicht, um in tiefere Glutnester einzudringen oder um das Brandgut aufzureißen. Nach Aufreißen des Brandgutes wird dann wieder auf Sprühstrahl geschaltet.
3. In geschlossenen Räumen kann es zu einer sehr starken Wasserdampfbildung (Verbrühungsgefahr!) kommen. Das ist besonders der Fall, wenn die alte Löschregel: Von unten nach oben löschen! nicht beachtet wird. Auftretender Wasserdampf kann mit dem Sprühstrahl niedergeschlagen werden.
4. Beim Einsatz des Sprühstrahles gegen Brände der Klasse B muss die Flamme von einer Seite her zurückgedrängt werden. Beim Einsatz mehrerer Rohre müssen sich die Strahlbreiten überschneiden. Es ist darauf zu achten, dass keine toten Winkel, heiße Gegenstände oder Flämmchen übersehen werden, die Rückzündungen hervorrufen könnten.

2.5.3 Wassernebel

Charakteristisch für den Wassernebel ist seine geringe durchschnittliche Tropfengröße von < 0,1 mm. Die Vernebelung des Löschwassers wird durch die Verwendung besonderer Strahlrohre (z. B. Hohlstrahlrohre), meist bei einem erhöhten Pumpenausgangsdruck (Hochdruck) erreicht. Hohlstrahlrohre sind seit Juli 2002 in der DIN 14 367 »Hohlstrahlrohre PN 16« genormt. Bei unseren europäischen Nachbarn liegen zum Teil jahrzehntelange Erfahrungen mit Wassernebel vor. In Deutschland sind Systeme zur Erzeugung von Wassernebel seit einigen Jahren mit Erfolg im Einsatz. Außer mit Hohlstrahlrohren wird Wassernebel mit speziellen Nebelpistolenrohren bei Pumpenausgangsdrücken von ca. 40 bar erzeugt. Die dazu notwendigen Feuerlöschkreiselpumpen mit Hochdruckteil sind seit Jahren Stand der Technik. Der

Hochdruckteil ist entweder auf der gleichen Pumpenwelle wie der Normaldruckteil der Pumpe angeordnet oder aber besitzt eine eigene Pumpenwelle, die z. B. über Keilriemen oder durch im Ölbad laufende Schrägzahnräder angetrieben wird. In Löschfahrzeugen dient der Hochdruckteil dieser kombinierten Feuerlöschkreiselpumpen in der Regel der Versorgung einer Schnellangriffseinrichtung. Solche Hochdruck-Schnellangriffseinrichtungen können z. B. mit bis zu 100 m formstabilem 19 mm-Schlauch ausgerüstet werden, was die Reichweite des Angriffstrupps bei Vornahme des Schnellangriffs wesentlich erhöht. Praktische Erfahrungen zeigen, dass 80 m formstabiler Schlauch für fast alle Einsätze des Schnellangriffs ausreichend sind. Ein Verlängern wird damit überflüssig. Der Druckverlust im Schlauch beträgt bei dieser Zusammenstellung in der Ebene allerdings schon 22 bar, wobei ein Strahlrohrdruck von 18 bar jedoch ausreichend ist.

Der Vorteil des Wassernebels liegt in der großen Oberfläche der Nebeltröpfchen. Die Tröpfchen eines Liters vernebelten Wassers haben ungefähr die Oberfläche eines Fußballfeldes. Der damit verbundene bessere Wärmeübergang bedingt im Vergleich mit einem konventionellen Sprühstrahl mit gleichem Wasserdurchfluss eine bis zu 30 mal höhere Wärmeaufnahme. Trotz höherem Strahlrohrdruck haben die Tröpfchen des Wassernebels aufgrund ihrer kleineren Masse eine geringere Austrittsgeschwindigkeit. Damit ist auch die Wurfweite des Wassernebels kleiner als die des Sprühstrahles. Es erhöht sich jedoch die Verweilzeit in der heißen Flammenzone, was die Wärmeaufnahme entsprechend der Gleichung für den Wärmeübergang verbessert:

$$Q = \alpha \cdot A \cdot t \cdot \Delta T$$

Q durch die Tröpfchenoberfläche transportierte Wärmemenge
A Oberfläche der Tröpfchen
t Zeitdauer des Wärmeüberganges
ΔT Temperaturdifferenz Umgebung/Wassertröpfchen
α Wärmeübergangskoeffizient

Die Hauptlöschwirkung des Wassernebels beruht auf der Kühlwirkung gegenüber heißen Gasen und Dämpfen (Flammen) sowie brennender, glutbildender Oberflächen. Die Inhibitor- wie auch die erstickende Löschwirkung spielen neben der Kühlwirkung nur eine untergeordnete Rolle. Der Wassernebel ist daher ähnlich dem ABC-Pulver zum Löschen von Klein- und Mittelbränden der Brandklassen A, B und C besonders geeignet (Bild 10). Bei optimalem Einsatz werden Löschmittelschäden, wie sie durch die Verschmutzung mit Löschpulver oder durch Wasserüberschuss beim konventionellen Sprühstrahl entstehen, vermieden. Auch treten keine umweltschutz-

Bild 10: Wassernebel ist zum Löschen von Klein- und Mittelbränden der Brandklassen A, B und C besonders geeignet. (Callies GmbH)

technischen Probleme bei der Entsorgung von Löschmittelrückständen (vergleiche Löschpulver) auf. Im mobilen Einsatz hat sich der Wassernebel zum Schutz der Einsatzkräfte beim Vorgehen zur Menschenrettung im Innenangriff hervorragend bewährt. Der bessere Wärmeübergang bedingt eine weitgehende Ausnutzung der Verdampfungswärme des eingesetzten Löschwassers. Wasserschäden werden daher gering gehalten oder treten gar nicht auf. Es kann jedoch zu einer Sichtbehinderung durch den Wassernebel kommen. Weiterhin besteht die Gefahr, dass sich Einsatzkräfte Verbrühungen zuziehen, wenn der entstehende Wasserdampf nicht frei abziehen kann.

Im Bereich der Kleinlöschgeräte sind seit einigen Jahren Produkte auf dem Markt, die durchaus vielversprechend sind.

Ein Hochdruck-Löschgerät der Minimax-GmbH, das sowohl als stationäres Gerät, in Fahrzeuge eingebaut oder fahrbar geliefert werden kann, ist mit einem 50 m langen Panzerschlauch ausgerüstet. Das Gerät besteht aus einem Otto-Motor, einer Hochdruckpumpe, Regel und Messeinrichtungen, Schlauchtrommel mit Schlauch und einer Schnellangriffseinrichtung. Es kann mit einem 100 l-Wassertank und einem 20 l-Schaummittelbehälter bestückt

Bild 11: Fahrbares Hochdruck-Löschgerät mit Wassertank und Schaummittelbehälter (Minimax GmbH & Co. KG)

werden (Bild 11). Der Einsatz des Gerätes erfordert eine gründliche Einweisung.

Eine weitere Entwicklung ist das Ifex-Feuerlöschgerät, Werksbezeichnung: IFEX 3000 – Impuls-Feuerlösch-Technologie. Das Gerät kann theoretisch an jeden Wasserschlauch angeschlossen werden, weil die Energie zum Betreiben des Gerätes in einer Pressluftflasche mitgeführt wird. Praktisch ist das Ifex-Gerät jedoch mit einem Koaxialschlauch ausgerüstet, d. h. mit einem Schlauch, der Wasser führt und in dem ein Pressluftschlauch enthalten ist.

Das Herzstück des Gerätes ist eine so genannte Impulspistole, die stoßweise 0,25 bis 1 l Wasser mit hohem Druck auslöst. Das Wasser wird dabei in Tropfen von 0,002 bis 0,2 mm Durchmesser zerstäubt. Ifex-Geräte sind sowohl als Kleinlöschgeräte wie auch zum Einbau in Feuerlöschfahrzeugen lieferbar (Bilder 12 und 13). Eine Erprobung des Gerätes durch die Feuerwehr- und Zivilschutzschule Steiermark/Österreich hat bei Entstehungsbränden erfolgreiche Ergebnisse gebracht. Die Geräte sind unter den Zulassungs-Kenn-Nr. P 3–3/96 bis P 3–5/96 befristet amtlich zugelassen.

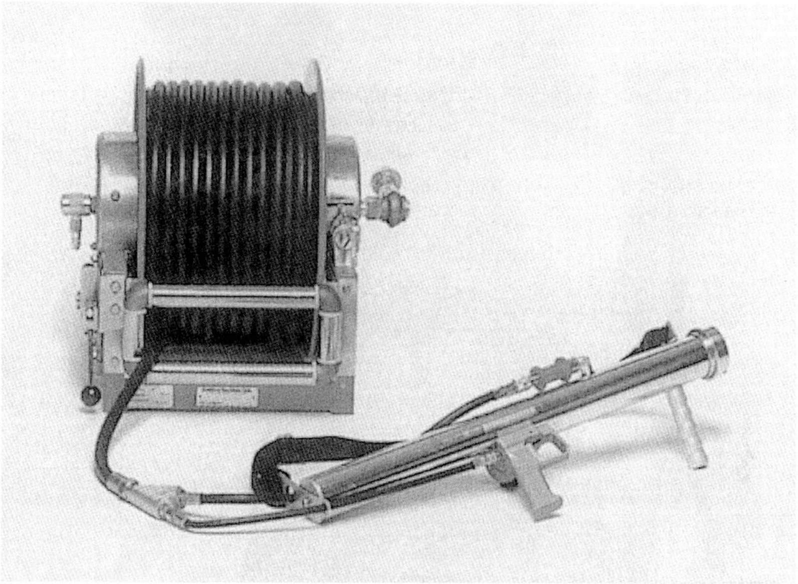

Bild 12: Ifex 3550 – zum Einbau in Feuerlöschfahrzeuge (Ifex GmbH)

Das Feuerlöschgerät darf nur durch die Feuerwehr oder besonders geschultes Personal eingesetzt werden. Das Gerät wird mit einem Ausbildungs-Handbuch geliefert.

Um auch bei Wassernebel große Wurfweiten zu erzielen, benötigt man einen Luft/Gasstrahl, der die Nebeltröpfchen über große Entfernungen transportieren kann. Zu diesem Zweck wurden die »Turbolöschgeräte« entwickelt. Die Ursprünge dieser Löschgeräte liegen in der ehemaligen UDSSR. Dort wurden MIG-Triebwerke auf Panzerfahrgestelle montiert, den in den Abgasstrahl eingebrachten Wassernebel über große Entfernungen zu transportieren. So konnten sowohl größere Waldbrände wie auch brennende Ölquellen sehr effektiv gelöscht werden. Als modernere Weiterentwicklung werden heute kleinere Triebwerke (Alpha-Jet) oder große Lüfter (Schneekanonen) auf Lkw-Fahrgestellen z. B. auch zur mobilen Bekämpfung von Tunnelbränden eingesetzt.

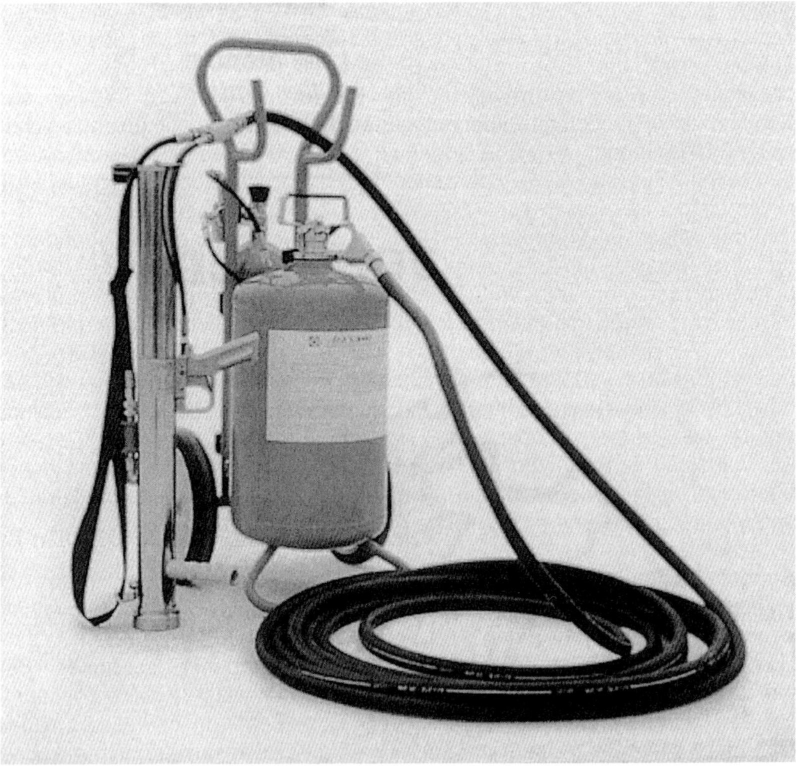

Bild 13: Ifex 3035/50 – fahrbares Gerät mit 35 bzw. 50 l Wasserbehälter und Koaxial-Schlauch mit 15 bis 25 m Länge (Ifex GmbH)

2.6 Anwendungsbereich und -grenzen

Wasser ist das klassische Löschmittel für alle Brände fester, glutbildender Stoffe organischer Natur (Brandklasse A). Wasser wird bereits seit Jahrtausenden als Löschmittel verwendet, aber es wäre grundfalsch, aus dieser Tatsache etwa die Vermutung abzuleiten, dass das »Löschen mit Wasser« in unserem heutigen hochtechnisierten Zeitalter vielleicht zu primitiv oder technisch rückständig sein könnte. Dazu ist festzustellen, dass das Wasser hinsichtlich seiner abkühlenden Löschwirkung technisch gar nicht mehr überholt werden kann, da es – schon aus theoretischen Gründen – bereits das mögliche Optimum darstellt. Das Wasser wird daher auch in Zukunft für alle Brände der Brandklasse A, also für die überwiegende Mehrzahl der Brände, weiterhin das wichtigste Löschmittel bleiben.

Neben seiner unübertroffen hohen abkühlenden Löschwirkung und seinem sehr breiten Anwendungsbereich besitzt das Wasser noch eine Reihe weiterer, äußerst vorteilhafter Eigenschaften. Ein besonderer Vorteil ist der flüssige Aggregatzustand, der es ermöglicht, das Wasser mit Hilfe von Pumpen und Schläuchen auch noch aus tiefer gelegenen Stellen zu entnehmen und es über weite Entfernungen und große Höhen zu fördern. Mit Wasser-Vollstrahlen lassen sich größere wirksame Wurfweiten und -höhen erzielen als mit jedem anderen Löschmittel.

Dass das Wasser im Normalzustand flüssig ist, ist scheinbar nichts besonderes, und doch ist diese Tatsache eine Einmaligkeit der Natur: Unter den rund 50 000 bekannten anorganischen Verbindungen ist H_2O, das Wasser, die einzige chemische Verbindung, die als Flüssigkeit frei in der Natur vorkommt – und noch dazu in unerschöpflicher Menge.

Da das Wasser fast überall frei gewonnen werden kann und nicht erst wie andere Löschmittel eines besonderen Herstellungsverfahrens bedarf, ist es auch das bei weitem billigste Löschmittel.

Als vorteilhaft ist weiter anzusehen, dass es chemisch neutral ist und daher auch nicht aggressiv oder ätzend wie eine Säure oder eine Lauge wirkt. Im Zusammenhang mit seinem chemischen Verhalten steht auch die Tatsache, dass es absolut ungiftig ist.

So vorteilhaft der flüssige Zustand des Wassers auch für die praktische Anwendbarkeit als Löschmittel ist, so sind damit doch auch einige nicht zu übersehende Nachteile verbunden.

So macht sich im Winterbetrieb der relativ hohe Gefrierpunkt, der über dem der meisten Flüssigkeiten liegt, oft nachteilig bemerkbar. Wasser gefriert bekanntlich bei normalem Luftdruck bereits bei 0 °C. Auf offenen Gewässern bilden sich rasch dicke Eisdecken und erschweren die Löschwasserentnahme. Auf Brandstellen kommt es leicht zu Glatteisbildung und damit zu Unfallgefahren. Hinzu kommt, dass das Wasser beim Gefrieren sein Volumen um etwa 9 %, also um rund $^1/_{10}$, vergrößert. Aus 10 l Wasser werden also ungefähr 11 l Eis. Diese Volumenvergrößerung kann in geschlossenen Systemen, z. B. in Rohrleitungen, Pumpengehäusen usw., leicht zu Zerstörungen führen. Durch rechtzeitiges Entleeren oder durch Zusatz von Frostschutzmitteln (siehe Kapitel 2.7.1) lässt sich diese Gefahr vermeiden. Das Gefrieren des Wassers in Schläuchen oder Pumpen während eines Einsatzes kann in gewissem Umfang dadurch verhindert werden, dass es fließend gehalten wird. Bei Minustemperaturen sollten also die Pumpen weiterlaufen und eine geringe, aber stetige Wasserabgabe stattfinden.

Besonders nachteilig ist die Tatsache, dass mit der Anwendung von Wasser oft hohe Folgeschäden verbunden sind. Zahlreiche Stoffe, Materialien und Gegenstände sind wasserempfindlich und verändern durch Wassereinwirkung ihre Beschaffenheit und Qualität. Andere Stoffe wiederum, die sich in Wasser auflösen, werden damit unbrauchbar und wertlos. Die Gefahr, dass der eigentliche Brandschaden noch zusätzlich durch »Wasserschaden« vergrößert, unter Umständen sogar noch übertroffen wird, besteht besonders dann, wenn das Wasser unsachgemäß angewendet wird, z. B. wenn Wasserstrahlen ungezielt in Rauch und hochschlagende Flammen gerichtet werden. Das Löschwasser kann seine volle Wirkung naturgemäß nur dann entfalten, wenn es den eigentlichen Brandherd, nämlich die jeweiligen Glutzonen, von denen die Flammen ihren Ausgang nehmen, trifft. Bei starker Verqualmung muss sich der Löschtrupp daher zunächst durch geeignete Maßnahmen (z. B. Lüften, Kriechen am Boden, Niederschlagen des Rauches mittels Sprühstrahl) ausreichende Sicht auf den Herd des Brandes verschaffen, um das Löschwasser gezielt und damit auch wirklich wirksam einsetzen zu können. Besonders hoch ist die Gefahr von Wasserschäden in Museen, Kunstsammlungen, Archiven, Büchereien usw., ferner in Laboratorien, wissenschaftlichen Instituten, elektronischen Anlagen u. ä. Hier muss gegebenenfalls überhaupt auf Wasser verzichtet und ein den jeweiligen Umständen entsprechendes, weniger schädliches Löschmittel gewählt werden. Unnötigen Wasserschaden zu vermeiden, sollte für jede Feuerwehr ein selbstverständliches Gebot sein. Es ist eine wichtige Aufgabe der Feuerwehrführer, die Mannschaft zu einem sparsamen und fachgerechten Gebrauch des Löschwassers zu erziehen. Die Wahl der dem Brande angepassten Strahlrohre, der richtige Strahlrohrdruck, der Innenangriff, die Brandstellendisziplin (Vornahme von Rohren und Wassergeben nur wie befohlen) und viele andere Überlegungen und Maßnahmen des Einsatzleiters können helfen, den Wasserschaden in einem vernünftigen Verhältnis zum möglichen Brandschaden zu halten.

2.6.1 Fälle, in denen Wasser nicht anzuwenden ist

Bei einigen Bränden oder Einsätzen ist das Wasser absolut auszuschließen, nicht nur, weil es keinerlei Löschwirkung aufweist, sondern weil es darüber hinaus auch erhebliche Gefahren hervorrufen kann. Nicht anwendbar ist das Wasser vor allem bei:

1. Metallbränden
2. Schornsteinbränden
3. Chemikalien, die mit Wasser heftig reagieren

2.6.1.1 Metallbrände

Außer den Edelmetallen, wie Gold, Silber, Quecksilber, Platin und einigen anderen, sind alle Metalle unter bestimmten Voraussetzungen mehr oder weniger gut brennbar. So können z. B. Eisen und Blei (aber auch andere Metalle), wenn sie in feinstverteilter Form vorliegen, sogar selbstentzündlich sein. Ebenso kann eine über den normalen Sauerstoffgehalt der Luft hinausgehende Sauerstoffkonzentration zur Brennbarkeit von Metallen führen. Die wichtigsten brennbaren Metalle sind ohne Zweifel die Leichtmetalle. Als Abgrenzung zwischen Leichtmetall und Schwermetall wird am häufigsten die Dichte 5 kg/dm^3 angegeben.

Zweckmäßigerweise teilt man die Leichtmetalle verbrennungstechnisch in zwei Gruppen ein, nämlich in

1. Leichtmetalle, die bereits in kaltem Zustand mit Wasser merklich reagieren (Tabelle 14) und
2. Leichtmetalle, die nur in brennendem Zustand nicht mit Wasser in Berührung kommen dürfen.

Die meisten aufgeführten Metalle sind sehr weich und lassen sich mit einem Messer schneiden. An den Schnittflächen reagieren die Metalle innerhalb von Sekunden mit dem Luftsauerstoff bzw. der Luftfeuchte und laufen dann gelblich wie Natrium oder bläulich wie Kalium, meistens jedoch grau an. Alle Metalle dieser Gruppe sind unter bestimmten Voraussetzungen selbstentzündlich und müssen daher unter Vakuum oder unter einer wasserfreien Flüssigkeit (z. B. Petroleum, Paraffinöl) aufbewahrt werden. Bei Berührung mit Wasser reagieren diese Stoffe sehr heftig (siehe auch Kapitel 2.2.1). Die Stoffe der ersten Gruppe von Leichtmetallen werden hauptsächlich in der chemischen Industrie als Reduktionsmittel, Synthesemittel und als wasserentziehende Mittel beim Destillieren von Ether und anderen organischen Flüssigkeiten verwendet.

Tabelle 14: Leichtmetalle

Name	chemisches Symbol	Farbe der Feuererscheinung	Farbe frischer Schnittflächen
Lithium	Li	karminrot	silbrig-glänzend
Natrium	Na	gelb	silberweiß
Kalium	K	blau-violett	silbrig-bläulich
Rubidium	Rb	rötlich-violett	silbrig-glänzend
Cäsium	Cs	blau-violett	silberweiß
Calcium	Ca	gelblich-rot	silberweiß
Barium	Ba	grün	silbrig-glänzend
Strontium	Sr	karminrot (funkensprühend)	silberweiß

In geringen Anteilen können sie auch bestimmten Metall-Legierungen als Zusätze zur Verbesserung bestimmter Eigenschaften zugesetzt werden. Wasser oder wasserhaltige Löschmittel sind gegen Brände von Leichtmetallen dieser Art ebenso unbrauchbar wie CO_2, Normallöschpulver, Speziallöschpulver oder halogenhaltige Sonderlöschmittel.

Als Löschmittel geeignet sind Sonderlöschpulver für die Brandklasse D und Kochsalz. Trockener Sand kann als Hilfsmittel verwendet werden; es ist jedoch darauf *zu* achten, dass der Sand wirklich trocken ist.

Zur zweiten Gruppe gehören zahlreiche neuzeitliche Werkstoffe, die technisch meistens als Legierungen zur Herstellung von Geräten und Werkzeugen verwendet werden, aber auch im Bauwesen und im Fahrzeugbau große Bedeutung haben. Es handelt sich um die Leichtmetalle Beryllium (Be), Magnesium (Mg), Aluminium (Al) und Titan (Ti).

Beryllium ist praktisch auch in Staubform nicht brennbar. Berylliumzusätze in Legierungen setzen sogar die Brennbarkeit herab.

Magnesium bzw. hochprozentige Magnesiumlegierungen (über 80 %) sind in Staubform leicht brennbar, in feinen Spänen lassen sie sich bereits mit einem Streichholz zünden; sie können auch in kompakten Stücken, in Blechen oder Profilen, brennen, wenn sie durch ein Hilfsfeuer entsprechend aufgeheizt worden sind.

Magnesiumlegierungen nach DIN 1729, die hauptsächlich im Fahrzeugbau verwendet werden und über 90 % Magnesium enthalten, sind also ohne Zweifel die gefährlichsten Leichtmetalle dieser Gruppe.

Aluminium, das auch in fast reiner Form (Al 99,5) verwendet wird, brennt sowohl als Knet- wie auch als Gusslegierung nur in Staubform, allenfalls können ganz feine Folien oder haardicke Drähte oder Späne brennen.

Titan, das z. B. mit Eisen legiert als Ferrotitan von Bedeutung ist, brennt nur bei erhöhtem Sauerstoffgehalt.

Während die Metalle dieser Gruppe in kaltem Zustand durchaus mit Wasser in Berührung kommen dürfen, reagieren sie brennend mit Wasser sehr heftig. Besonders große Gefahren gehen von Magnesium und von Aluminium in Staubform aus. Ahnungslos auf brennende Magnesium- oder Aluminiumstaub-Vorräte gerichtete Wasser-Vollstrahlen haben schon zu verhängnisvollen Explosionen geführt.

Brennende Leichtmetalle erzeugen Verbrennungstemperaturen von rund 2 000 bis 3 000 °C. Viele Stoffe reagieren bei diesen hohen Temperaturen mit dem brennenden Metall bzw. werden entsprechend ihrer Zusammensetzung in die Elemente aufgespalten. Dies geschieht auch beim Löschmittel Wasser (thermische Dissiziation). Der Sauerstoff reagiert hierbei mit dem Metall, während der freiwerdende Wasserstoff mit dem Luftsauerstoff verbrennt. In manchen Fällen kann es auch zur Knallgasbildung (Gemisch aus

2 Raumteilen H_2 und 1 Raumteil O_2) kommen. Wasser, wasserhaltige Löschmittel, CO_2, Normallöschpulver sowie halogenhaltige Sonderlöschmittel sind aus diesem Grunde als Löschmittel ausgeschlossen; die letztgenannten Löschmittel reagieren ebenso heftig wie Wasser, wobei außerdem auch sehr giftige Pyrolyseprodukte entstehen können.

Als Löschmittel können verwendet werden: Sonderlöschpulver für die Brandklasse D (Metallbrandlöschpulver), Kochsalz und trockener Sand. Die Verwendung von Graugussspänen oder Schweröl muss als überholt angesehen werden. Wohl kann Schweröl als Kühlmittel bei der Bearbeitung von Leichtmetallen mit spanabhebenden Werkzeugen eingesetzt werden. Bei umfangreichen Bränden von Leichtmetallspänen, -stäuben oder sonstigen Abfällen in leichtmetallverarbeitenden Betrieben ist in vielen Fällen das Löschen des Brandes überhaupt nicht möglich, weil die o. g. Löschmittel innerhalb kurzer Zeit nicht in ausreichender Menge herangeführt werden können. Darüber hinaus besteht die Schwierigkeit, die Löschmittel aus größerer Entfernung (starke Wärmestrahlung) auf das Brandgut aufzutragen. Bei solchen Einsätzen muss man sich darauf beschränken, Sekundärbrände, d. h. die Ausbreitung des Brandes auf andere Gebäude oder Gebäudeteile zu verhindern, während die Leichtmetallabfälle unter Aufsicht abbrennen. Es ist eine wichtige Aufgabe des vorbeugenden Brandschutzes dafür zu sorgen, dass Leichtmetallabfälle ordnungsgemäß gelagert werden und die Lagerstellen notfalls durch Brandabschnitte von den übrigen Betriebsgebäuden getrennt sind.

Vereinzelt weisen Berichte in der Fachpresse aber auch darauf hin, dass Leichtmetallbrände mit Wasser gelöscht worden sind. Wahrscheinlich hat es sich bei diesen Einsätzen um Gemische von Aluminium und sonstigen Metallstäuben gehandelt, die weniger gut brennen. Eine genaue Beschreibung der Stoffe wird in den Berichten jedenfalls nicht angegeben. Berichte über vereinzelt mit Wasser gelöschte Leichtmetallbrände sollten jedoch nicht dazu verführen, aus dieser unorthodoxen Löschmethode eine Regel werden zu lassen. Zwar lassen sich kleine Brände von kompakten Leichtmetallteilen (z. B. bei Motorbränden an Kraftfahrzeugen) mit einem scharfen Wasserstrahl abschlagen; bei größeren Bränden, insbesondere von feinen Spänen, geht man jedoch mit dem Einsatz von Wasser ein nicht kalkulierbares Risiko ein. Dies trifft ganz besonders zu, wenn nicht einwandfrei geklärt wird, welche Legierungen vorliegen.

2.6.1.2 Schornsteinbrände

Bei Schornsteinbränden treten innerhalb des Schornsteins Temperaturen von 1000 °C und mehr auf. Wenn Wasser in den Schornstein gegeben wird, treten zwei Gefahren auf, nämlich

1. dass infolge der Wasserdampfbildung (1 l Wasser ergibt etwa 1700 l Wasserdampf) und der Erwärmung des Wasserdampfes ein Überdruck auftritt, der den Schornstein auseinandersprengt, und
2. dass die plötzliche Abkühlung der heißen Wangen des Schornsteins zu Temperaturspannungen führt, die ein Aufreißen des Schornsteines zur Folge haben.
   Außerdem kann auch der bei der Verbrennung des Rußes entstehende stark aufgeblähte so genannte Rußkoks (meistens ein hellgraues Pulver) in Verbindung mit Wasser zur Verstopfung des Schornsteines führen.

Abgesehen davon, dass bei den meisten Schornsteinbränden das Reinigen zum Löschen des Brandes führt (manchmal muss der Schornstein allerdings auch ausgebrannt werden), ist der Einsatz eines Löschmittels in den meisten Fällen überhaupt nicht sinnvoll. Ein Löschen des Brandes ohne Beseitigung des Rußes wäre nur ein vorübergehender Erfolg. Der Ruß muss auf jeden Fall entfernt werden.

Wenn in Ausnahmefällen, z. B. bei großen Industrieschornsteinen oder bei starkem Flugfeuer aus dem Schornstein, der Einsatz eines Löschmittels erforderlich ist, eignet sich besonders das Speziallöschpulver für die Brandklassen ABC.

2.6.1.3 Chemikalien, die mit Wasser heftig reagieren

Abgesehen von den bereits genannten Leichtmetallen gibt es eine Reihe von Stoffen, die nicht mit Wasser in Berührung gebracht werden dürfen, weil sie mit dem Wasser heftig reagieren, also umherspritzen, explodieren oder gezündet werden.

Derartige Stoffe sind:

Kaliumhydroxid	– Ätzkali
Calciumoxid	– Ätzkalk, gebrannter Kalk, Branntkalk
Natriumhydroxid	– Ätznatron
Alkalialkoholate	– (Verbindung Alkalimetall + Alkohol)
Alkaliamalgame	– (Legierung Alkalimetall + Quecksilber)
Alkaliamide	– (Verbindung Alkalimetall + Ammoniak)
Alkalihybride	– (Verbindung Alkalimetall + Wasserstoff)
Aluminiumalkyle	
Aluminiumborhydrid	– Aluminiumboranat
Aluminiumcarbid	
Aluminiumchlorid	
Calciumaluminiumhydrid	
Calciumcarbid	
Chlorsulfonsäure	

Chromschwefelsäure
Natriumethylat
Natriumamid
Natriumperoxid
Pyroschwefelsäure
Konz. Schwefelsäure – Oleum
Phosphoroxitrichlorid – Phosphoroxichlorid
Phosphorpentachlorid
Phosphortrichlorid
Metallalkyle

Diese beispielhafte Aufzählung ist keineswegs eine vollständige Liste aller Stoffe, die mit Wasser reagieren.

Bei Einsätzen in chemischen Fabriken, Lagern von Chemikalien oder auch Verkehrsunfällen, bei denen mit Chemikalien beladene Fahrzeuge beteiligt sind, kann nur eine sorgfältige Erkundung Aufschluss über den möglichen Einsatz von Löschmitteln geben. In vielen Fällen können aus den auf den Einsatzleit- oder Löschfahrzeugen vorhandenen Nachschlagwerken die notwendigen Informationen entnommen werden. Soweit die havarierten Fahrzeuge gekennzeichnet sind, geht aus der Kennzeichnung mit Gefahrzetteln der Klasse 4 nach ARD/RID/GGVSE bzw. aus der **Gefahrnummer** für den ersten Überblick hervor, ob Wasser eingesetzt werden darf (»X« vor den Ziffern der Gefahrnummer bedeutet, dass der Stoff gefährlich mit Wasser reagiert).

2.6.2 Bedingte Anwendbarkeit des Wassers als Löschmittel

Wenn hier bei bestimmten Stoffen eine bedingte Anwendbarkeit des Wassers als Löschmittel herausgestellt wird, so soll das nicht heißen, dass das Wasser nur als Hilfsmittel oder Notbehelf verwendbar ist, sondern dass es zwar brauchbar ist, jedoch bestimmte Bedingungen zu beachten sind. Die bedingte Anwendbarkeit gilt:

1. für die Brandklasse B
2. für die Brandklasse C
3. bei Bränden an elektrischen Anlagen
4. bei Staubbränden
5. bei größeren Glutbränden in geschlossenen Räumen
6. bei Phosphorbränden
7. bei quellfähigen oder wasseraufsaugenden Stoffen
8. bei künstlichen Düngemitteln
9. bei Vorkommen von Säuren und Laugen

2.6.2.1 Wasser als Löschmittel in der Brandklasse B

Das Löschen brennbarer Flüssigkeiten mit Wasser ist möglich, wenn

a) die brennbaren Flüssigkeiten einen Flammpunkt haben, der über 55 °C liegt, und eine Abkühlung der Flüssigkeit unter den Flammpunkt erreicht werden kann (Sprühstrahl Nebel);
b) wenn sich die brennbare Flüssigkeit mit Wasser mischen lässt und damit durch Verdünnung der Flammpunkt heraufgesetzt werden kann;
c) wenn die brennbare Flüssigkeit schwerer ist als Wasser (Schwefelkohlenstoff) und somit mit Wasser abgedeckt werden kann.

Geringe Mengen brennbarer Flüssigkeiten, für die die unter a) bis c) genannten Eigenschaften nicht zutreffen (hochentzündliche, leichtentzündliche und entzündliche Flüssigkeiten nach Gefahrstoffrecht bzw. Betriebssicherheitsverordnung), können gelöscht werden, indem man die Flammen mittels Sprühstrahl oder Wassernebel abkühlt. Beim Löschen von brennbaren Flüssigkeiten mit Wasser können zwei besondere Gefahren auftreten, nämlich die so genannte Fettexplosion und das Überlaufen der Behälter.

2.6.2.1.1 Fettexplosion

Die Bezeichnung »Fettexplosion« ist zwar sehr geläufig, drückt jedoch den Sachverhalt nicht einwandfrei aus. Es sind nicht nur Fette, die dem gemeinten Vorgang unterliegen, und weiterhin handelt es sich auch nicht um eine Explosion im Sinne der Brandschutzterminologie.

Als »Fettexplosion« bezeichnet man den Vorgang, der durch das schlagartige Verdampfen des Wassers verursacht wird, wenn dieses in hocherhitzte Fette oder Öle gegossen oder gespritzt wird. Dringt das spezifisch schwerere Wasser in die tieferen Schichten der stark erhitzten Öle oder Fette ein, wird es als Flüssigkeit überhitzt, die Temperatur des Wassers steigt über 100 °C an, ohne dass es sogleich siedet, und nach kurzer Zeit des Siedeverzuges erfolgt das plötzliche Verdampfen, das zu explosionsartigen Erscheinungen führt. Die heißen Fette oder Öle werden eruptionsartig aus dem Behälter herausgeschleudert. Die Löschmannschaften sind dadurch erheblich gefährdet. Eine besonders große Gefahr besteht, wenn die Fette oder Öle bereits brennen – was meistens der Fall ist – oder wenn die fein verteilten Fett- oder Öltröpfchen beim Herausschleudern gezündet werden. In diesem Fall kommt es unmittelbar nach der Eruption zu einer explosionsartigen Verbrennung und einer entsprechenden Drucksteigerung, die fast immer zur Zerstörung raumbegrenzender Bauteile führt. Bemerkenswert ist, dass schon relativ geringe Mengen von Fetten oder Ölen, wie z. B. der Inhalt eines gewöhnlichen Kochtopfes, also etwa 1 bis 2 Liter, ausreichen, um derartige Zerstörungen zu bewirken. Die Gefahr einer Fettexplosion besteht grundsätzlich bei allen

Fetten und Ölen, die sich in Behältern befinden und einen Siedepunkt haben, der wesentlich über 100 °C liegt. Das sind alle tierischen Fette, insbesondere aber synthetische und pflanzliche Fette (Siedepunkte z. T. über 300 °C), wachsartige Stoffe, wie Stearin, Paraffin usw., Teer, Schweröle, Schmierstoffe u. a. Die Gefahr einer Fettexplosion wird erheblich gemindert, wenn statt des Vollstrahles Sprühstrahl verwendet wird. Noch besser ist der Einsatz eines feinen Nebelstrahles oder das Auftragen von Luftschaum.

2.6.2.1.2 Überlaufen von Behältern

Fast alle brennbaren Flüssigkeiten sind leichter als Wasser. Beim Aufbringen von Wasser sinkt dieses nach unten, und die brennbare Flüssigkeit schwimmt auf dem Wasser und kann sich so brennend ausbreiten. Auch brennbare Flüssigkeiten, die sich mit Wasser vermischen, können überlaufen und damit ebenfalls zur Brandausbreitung führen. Diese Gefahr besteht besonders, wenn versucht wird, derartige Flüssigkeiten in mehr als halbvollen Behältern durch »Verdünnen« zu löschen. Der dann noch vorhandene Leerraum dürfte höchst selten ausreichen, um den beabsichtigen Löscherfolg zu erzielen.

2.6.2.2 Wasser als Löschmittel in der Brandklasse C

Die Anwendung des Wassers zum Löschen von Gasbränden ist meistens zwecklos. Es gelingt vereinzelt schon mal, einen Gasbrand mit Vollstrahl zu löschen, indem die Flamme vom Gasstrom sozusagen abgerissen wird; auch ist es manchmal möglich, mit dem Sprühstrahl die gesamte Flamme zu erfassen und damit abzukühlen. Beide Verfahren haben aber nur Erfolg, wenn das Gas mit relativ geringem Druck austritt. Bei Gasbränden sollte also von vornherein ein wirksames Löschmittel, z. B. Löschpulver, eingesetzt werden. Zum Kühlen der Behälter oder Leitungen wird Wasser zweckmäßig im Sprühstrahl eingesetzt.

2.6.2.3 Wasser bei Bränden von elektrischen Anlagen

Brände in elektrischen Anlagen sind grundsätzlich mit Strahlrohren CM nach DIN 14365 mit Sprühstrahl zu bekämpfen. Vollstrahl und B-Rohre sind nur in Einzelfällen einzusetzen. Nach DIN VDE 0132, August 2001, sind folgende Mindestabstände für CM-Strahlrohre vorgeschrieben (vgl. Tabelle 15).

Tabelle 15: Mindestabstände für CM-Strahlrohre

	Sprühstrahl	Vollstrahl
Niederspannung	1 m	5 m
Hochspannung	5 m	10 m

Tabelle 16: Mindestabstände für den Einsatz verschiedener Löschmittel

Löschmittel:	Mindestabstände in mm					Gefahrenhinweise und Verwendungsbeschränkungen:
	Niederspannung	Hochspannung* kV				
		30	110	220	380	
Wasser, Sprühstrahl	1	3**	3	4	5	Nach Möglichkeit Sprühstrahl einsetzen! Abstände gelten für Strahlrohre CM nach DIN 14365 bei Strahlrohrdrücken bis 5 bar. Strahlrohre BM sind nur in Sonderfällen zu verwenden.
Wasser, Vollstrahl	5	5	6	7	8	Die Mindestabstände erhöhen sich um 0,75 m pro Vollstrahl mm Mundstücksweite. Bei Drücken über 5 bar ist der Abstand um weitere 2 m zu erhöhen.
Luftschaum	Nicht anwendbar in Anlagen, die unter Spannung stehen!					
BC-Löschpulver	1	3**	3	4	5	Einsatz nur mit Zustimmung des Betreibers der Anlage. Nicht zu verwenden in feuchten oder feuchtwerdenden Anlagen (Freianlagen)! Bei staubempfindlichen Anlagen Verschmutzungsgefahr beachten! ABC-Löschpulver können durch Schmelzen leitfähige Beläge bilden! Pulverbeläge auf Isolatoren sind innerhalb von 2 Stunden zu beseitigen! Andernfalls Anlageteile abschalten!
ABC-Löschpulver	1	Nicht verwendbar!				
Halon (1211-1301)	1	3**	3	4	5	In Räumen Atemgiftgefahr beachten!
Kohlendioxid (CO_2)	1	3**	3	4	5	Im Freien wirkungslos! In Räumen Atemgiftgefahr beachten!

* Hochspannungsanlagen sind elektrische Starkstromanlagen mit Nennwechselspannungen über 1000 V (im Sinne von VDE 0101).
Niederspannungsanlagen sind elektrische Starkstromanlagen mit Wechselspannung bis 1000 V (im Sinne von VDE 0100).
** Nur bei Aufsicht durch Fachpersonal oder unterwiesene Personen, sonst 2 m.

Bei Strahlrohren über 12 mm Düsen- oder Mundstücksweite erhöht sich der Mindestabstand je mm um 0,75 m. Bei Strahlrohrdrücken über 5 bar sind außerdem 2 m Abstand hinzuzurechnen.

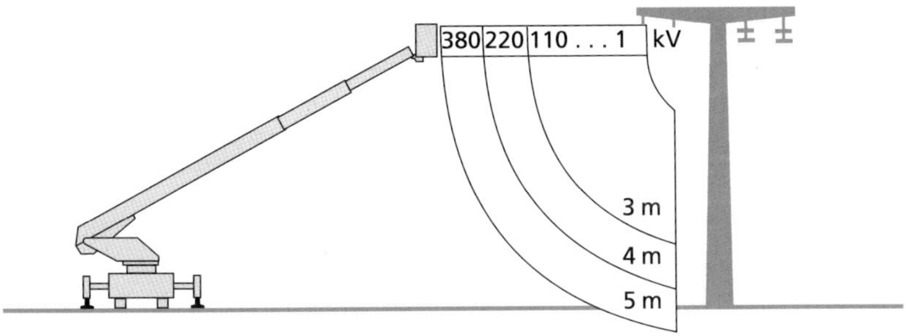

Bild 14: Sicherheitsabstände zu Freileitungen

Die Mindestabstände sind so groß gewählt, dass auch bei Verwendung von Löschwasser mit Zusätzen, die die Leitfähigkeit erhöhen, eine Vergrößerung der Abstände nicht notwendig ist. Es ist jedoch zu berücksichtigen, dass sich durch derartige Zusätze zum Löschwasser leitfähige Beläge an Isolatoren usw. bilden können (siehe auch Tabelle 6 und 8). Die Mindestabstände für den Einsatz verschiedener Löschmittel können der Tabelle 16 entnommen werden.

Niederspannungsanlagen sind im Brandfalle nur dann abzuschalten, wenn die Gefahr besteht, dass jemand mit der Anlage direkt in Berührung kommt. Sind jedoch im Bereich der Brandstelle umfangreiche Zerstörungen, insbesondere an Freileitungen, eingetreten, so sind die betroffenen Anlageteile spannungsfrei zu machen. Zu Freileitungen sind bei Löscharbeiten die im Bild 14 vermerkten Abstände einzuhalten. Bei Annäherung an unter Spannung stehende Hochspannungsanlagen sind folgende Mindestabstände einzuhalten:

3 m bei Spannungen über 1 kV bis 110 kV
4 m bei Spannungen über 110 kV bis 220 kV
5 m bei Spannungen über 220 kV bis 380 kV

Wenn Freileitungen beschädigt werden und zu Boden fallen, entsteht der gefährliche so genannte Spannungstrichter (Bild 15). Kommt es z. B. zu einem Bruch einer Hochspannungsfreileitung, so bildet sich um die Berührungsstelle der Leitung mit der Erde ein Spannungsfeld. Mit der Entfernung von der Berührungsstelle wird die Spannung geringer. Von einer am Boden liegenden Freileitung ist daher ein Abstand von mindestens 20 m einzuhalten. Von Fahrleitungen der Deutschen Bahn AG (15 kV) ist ein Abstand von mindestens 10 m einzuhalten. Hat sie Berührung mit Metallteilen, wie z. B. Zäunen, Schienen usw., so ist von diesen Teilen ebenfalls der entsprechende Abstand einzuhalten. Die Gefahrenstelle ist abzusperren.

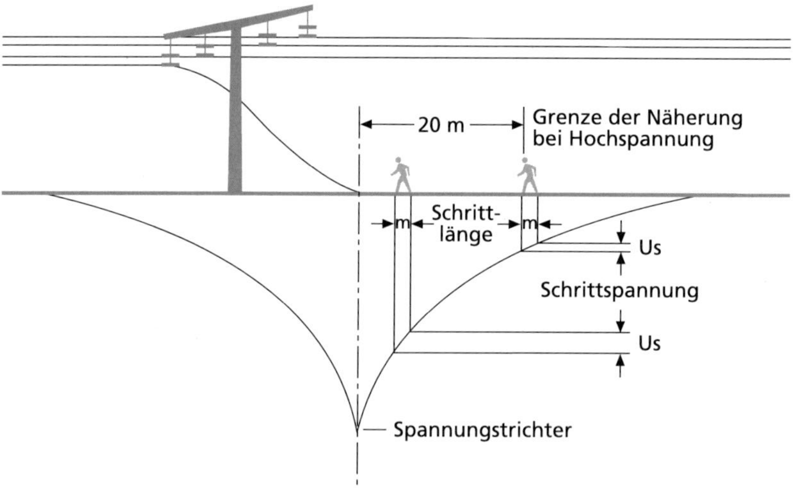

Bild 15: Spannungstrichter

2.6.2.4 Staubbrände

Wichtiges Kriterium bei der Beurteilung der Brennbarkeit von Stäuben ist die Korngröße, weil feine Stäube im Gemisch mit Luft leichter entzündlich sind und schneller reagieren als gröbere. Daneben sind auch die Kornform, die Kornoberfläche, die Dichte und die Agglomerationsneigung (Agglomeration = Zusammenballung, auch Zusammenbacken) wichtig, weil sie vor allen Dingen die Aufwirbelbarkeit und die Schwebfähigkeit der Stäube beeinflussen. Die meisten brennbaren technischen Stäube (Holzstaub, Lederstaub, Gummistaub, Textilstaub, Papier- und Kunststoffstäube) haben einen Zündbereich, dessen untere Grenze etwa bei 20 bis 60 g/m^3 liegt und deren obere Grenze 2 bis 6 kg/m^3 beträgt. Das stöchiometrische Gemisch, bei dem die vorhandene Luftmenge theoretisch gerade zur vollständigen Verbrennung des vorhandenen Staubes ausreicht, liegt bei Stäuben kohlenstoffhaltiger Natur oder von Kunststoffen meist im Bereich von 100 bis 300 g/m^3. Praktisch tritt jedoch die stärkste Wirkung bei etwa der zwei- bis dreifachen Menge auf, weil Staubexplosionen, vor allem bei kohlenstoffhaltigem Material, nur selten zur vollständigen Verbrennung des Staubes führen; vielmehr bleiben meistens unverbrannte koksartige Reste zurück.

Wichtigster Gesichtspunkt bei der Bekämpfung von Staubbränden oder Bränden, bei denen in großem Maße Stäube auftreten können (Mühlenbetriebe, Möbelfabriken, Exhaustoranlagen, Textilverarbeitungsbetriebe), ist das Verhindern von Aufwirbelungen des Staubes. Der Vollstrahl muss also absolut ausgeschlossen werden. Ein kurzzeitig, versehentlich gegebener Vollstrahl kann zur Verpuffung oder Explosion des Staubes führen. Es ist Aufgabe des Gruppenführers (bzw. des Einsatzleiters), beim ersten Vorgehen des Trupps die Strahlrohrschaltung zu kontrollieren.

Mit dem Sprühstrahl kann einerseits brennender bzw. glimmender Staub gelöscht werden, andererseits wird der übrige Staub feucht gehalten und damit die Aufwirbelung vermieden.

Es empfiehlt sich, durch Zumischung von Netz- oder Schaummitteln die Oberflächenspannung des Wassers zu vermindern (siehe Kapitel 2.7).

2.6.2.5 Größere Glutbrände in geschlossenen Räumen

Wenn es sich bei den Glutmassen um Koks, Braunkohle oder Grude handelt, besteht die Gefahr der Wassergasbildung (siehe auch Kapitel 2.2.1). Wassergas enthält etwa 40 % CO und ist daher ein gefährliches Atemgift. Bei allen großen Glutbränden in Räumen, insbesondere in Kellern, ist mit dem Aufkommen von großen Mengen heißen Wasserdampfes zu rechnen, wenn Wasser zum Löschen eingesetzt wird. Der Wasserdampf kann die vorgehenden Trupps verbrühen. Außerdem kann die Wärmestrahlung von den Glutmassen her so stark sein, dass die Einsatzkräfte einen Hitzeschock erleiden. Falls nur Sachwerte oder Tiere gefährdet sind, sollte man bei derartigen Bränden auf den Innenangriff verzichten und die Räume von außen mit Schaum oder Wasser fluten.

2.6.2.6 Phosphorbrände

Phosphor kommt in allotropen Modifikationen (mehrere stark voneinander abweichende Zustandsformen – wie z. B. auch beim Kohlenstoff) vor. Die wichtigsten Modifikationen sind weißer, roter und schwarzer Phosphor. Weißer Phosphor ist eine wachsartig durchscheinende weiße bis gelbliche feste Masse, die sich mit dem Messer schneiden lässt. Er ist äußerst giftig (weniger als 0,15 g wirken tödlich) und selbstentzündlich. In der Luft oxidiert weißer Phosphor unter Wärmeeinwirkung langsam zu einem weißen Nebel von Phosphorpentoxid. Dabei tritt an der Oberfläche des Phosphors ein schwaches grünliches Leuchten auf (Chemolumineszenz). Von dieser Lichtaussendung hat der Phosphor (griech. phosphoros = Lichtträger) seinen Namen. Bei etwa 50 °C tritt Selbstentzündung ein. Diese Temperatur wird infolge der lebhaften Oxidation an der Luft leicht erreicht, besonders wenn der Phosphor in fein verteilter und damit großoberflächiger Form vorliegt. Weißer Phosphor löst sich in Ölen und Fetten und besonders leicht in Schwefelkohlenstoff. Diese Lösung ist als brandstiftendes Mittel bekannt. Nach Verdunsten des Schwefelkohlenstoffs bleibt der Phosphor in fein verteilter Form zurück und entzündet sich alsbald. Weißer Phosphor brennt mit heller gelber Flamme unter Bildung eines außerordentlich dichten weißen Nebels von stark hygroskopischem Phosphorpentoxid. Weißer Phosphor ist das Ausgangsprodukt zur Herstellung von rotem und schwarzem Phosphor. Außerdem wird er zur Herstellung von Schädlingsbekämpfungsmitteln und militärisch verwendbaren brandstiftenden Mitteln (Napalm usw.) verwendet.

Roter Phosphor entsteht, wenn weißer Phosphor unter Luftabschluss auf etwa 200 °C erhitzt wird. Er ist ungiftig und nicht selbstentzündlich, jedoch brennbar. Roten Phosphor finden wir z. B. auf der Reibfläche einer Streichholzschachtel. Schwarzer Phosphor ist schwer brennbar und ungiftig. Er entsteht, wenn weißer Phosphor unter einem Druck von 12 000 bar auf 200 °C erhitzt wird. Eine druckfreie Herstellung ist mit Hilfe von Katalysatoren (z. B. Quecksilber) möglich. Schwarzer Phosphor hat eine besonders hohe Leitfähigkeit für Wärme und elektrischen Strom.

Wenn man von Phosphorbränden spricht, meint man in der Regel den selbstentzündlichen weißen Phosphor. Er wird unter Luftabschluss, meistens unter Wasser, aufbewahrt. In den Handel kommt er im Allgemeinen als Stangenphosphor (Stangen von etwa 10 mm Durchmesser, die aussehen wie Stearinkerzen). Phosphorbrände können endgültig nicht gelöscht werden. Der Phosphor lässt sich zwar vorübergehend mit Wasser löschen, jedoch entzündet er sich wieder, sobald das Wasser abgelaufen oder verdunstet ist. Beim Löschen mit Wasser bestehen grundsätzlich zwei Gefahren, nämlich

a) dass der Phosphor mit dem Wasser an unübersichtliche Stellen gespült wird (z. B. hinter Fußleisten, in Fußböden usw.) und nach Abtrocknen des Wassers versteckte Brände entfacht,
b) dass Stücke von Phosphor, die mit dem Wasserstrahl bewegt werden, auseinanderspritzen und dadurch Löschmannschaften verletzen oder die Brände ausbreiten.
   Ein Stück Phosphor, das aus 30 bis 40 cm Höhe herunterfällt, spritzt mehrere Meter weit auseinander. Die Phosphorteilchen rufen auf der Haut gefährliche Verbrennungen hervor.

Wasser sollte bei Phosphorbränden nur eingesetzt werden, wenn es zur Rettung von Menschen erforderlich ist oder um Sekundärbrände zu verhindern. Zur Brandbekämpfung empfiehlt sich der Einsatz von Sand. Der Phosphor wird mit dem Sand (auch nasser Sand oder Erde kann – im Gegensatz zu manchen Literaturangaben – ohne weiteres verwendet werden) abgedeckt. Sand und Phosphor werden dann in Mulden ins Freie getragen. Dort kann der Phosphor unter Aufsicht ausbrennen.

(Vorsicht! Einsatzkleidung, insbesondere Schuhwerk, ist nach dem Einsatz gründlich zu reinigen und nicht mit in die Unterkunft zu bringen! Phosphorteilchen an der Kleidung können noch nach Stunden gezündet werden.)

Wassereinsatz bei Brandwunden durch Phosphor

Personen, die mit Phosphor in Berührung gekommen sind, werden zunächst ihrer Kleidung entledigt. (Kleidung ins Wasser stecken!) Die betroffenen Hautstellen werden unter Wasser möglichst mit Seife abgebürstet. Danach taucht man die betroffenen Hautstellen in eine 5 %ige Natronlösung. Beim Eintauchen wird die auf der Haut entstandene Phosphorsäure durch Natron neutralisiert. Beim Herausnehmen wird an der Luft Phosphor oxidiert. Das Eintauchen und Herausnehmen wird solange fortgesetzt, bis keine weißen Phosphordämpfe mehr aufsteigen und der knoblauchartige Geruch verschwunden ist.

2.6.2.7 Gefahren durch quellfähige und wasseraufsaugende Stoffe

Quellfähige Stoffe sind zum Beispiel Getreide, Hülsenfrüchte, Ballen von Baumwolle, Flachs, Hanf u. a., die mit der Aufnahme von Wasser ihr Volumen erheblich vergrößern. In geschlossenen Räumen, z. B. Silos, Lagerräumen, Schiffen, bekommen diese Stoffe durch die Volumenvergrößerung eine derartige Sprengkraft, dass Gebäude oder andere Objekte zerstört werden können. Unter wasseraufsaugenden Stoffen versteht man schwammartige Stoffe, die viel Wasser aufnehmen, ohne ihr Volumen wesentlich zu vergrößern. Diese Stoffe – dazu gehört auch der Brandschutt – werden dadurch erheblich schwerer und können so Einstürze hervorrufen.

Bei quellfähigen Stoffen, die in Räumen oder Silos lagern, ist Wasser als Löschmittel auszuschließen. In den übrigen Fällen ist für einen ausreichenden Abfluss des Löschwassers zu sorgen.

2.6.2.8 Wasser bei Lagerung von künstlichen Düngemitteln

Künstliche Düngemittel, auch Handels- oder Mineraldünger genannt, sind – abgesehen von den Verpackungen (meist Papier- oder Plastiksäcke) – selbst nicht brennbar, doch können bei Bränden von Lagerräumen von einigen der zahlreichen Düngemittelarten besondere Gefahren ausgehen, die bei der Brandbekämpfung, insbesondere beim Löschen mit Wasser, beachtet werden müssen.

Wirksame Bestandteile der Mineraldünger sind hauptsächlich Kalium-, Phosphor-, Stickstoff- und Calcium-Verbindungen. Demgemäß unterscheidet man Kali-, Phosphat-, Stickstoff- und Kalk-Dünger, die als Spezialdünger oder auch kombiniert als Misch- und Volldünger (»Blaukorn«) im Handel sind. Ungefährlich sind Kali- und Phosphatdünger. Dagegen können Stickstoff-Dünger, insbesondere Ammonsalpeter, im Brandfall zu einer ernsten Gefahrenquelle werden, da sie sich bei Temperaturen von etwa 130 °C an zu zersetzen beginnen, wobei neben anderen gefährlichen Gasen insbesondere große Mengen von hochgiftigen nitrosen Gasen (rotbraune Schwaden) entstehen.

Diese Zersetzungsreaktion kann nur durch Abkühlen mit reichlich Wasser unterbunden werden. Schwerer Atemschutz ist dabei unbedingt erforderlich.

Ansonsten sollte bei Bränden in Düngemittel-Lagern mit Wasser möglichst sparsam und vorsichtig umgegangen werden; denn alle Düngemittel sind weitgehend wasserlöslich. In durchnässtem Zustand verbacken sie zu dicken Klumpen und werden damit unbrauchbar. Ein Düngemittel, nämlich Branntkalk, sollte mit Wasser überhaupt nicht in Berührung kommen. Branntkalk (auch: gebrannter Kalk, Ätzkalk, Calciumoxid, CaO) reagiert mit Wasser stark exotherm, wobei praktisch Temperaturen bis zu 400 °C (theoretisch 730 °C) entstehen können. In Branntkalk hineingespritztes Wasser kommt schlagartig zum Verdampfen und lässt die hocherhitzte Masse heftig umherspritzen, was zu schweren Verbrennungen und Verätzungen führen kann. Besonders die Augen sind durch Branntkalkspritzer aufs äußerste gefährdet. (Erste Hilfe: Sofort gründlich mit Wasser ausspülen und unverzüglich augenärztliche Behandlung.) Voll- oder Mischdünger, die nur gewisse Anteile an Stickstoffverbindungen oder Branntkalk enthalten, sind zwar weniger gefährlich, doch sollten sie ebenfalls mit entsprechender Vorsicht behandelt werden.

2.6.2.9 Wassereinsatz bei Unfällen mit Säuren oder Laugen

Säuren und Laugen wirken stark ätzend und zerstörend auf die Körperoberfläche von Mensch und Tier, wobei Augen und Schleimhäute ganz besonders gefährdet sind. Bei Unfällen mit Säuren oder Laugen muss daher dafür gesorgt werden, dass Menschen und Tiere nicht mit diesen gefährlichen Flüssigkeiten in Berührung kommen. Theoretisch besteht zwar die Möglichkeit, ausgelaufene Säuren oder Laugen zu neutralisieren, praktisch ist diese Möglichkeit jedoch für öffentliche Feuerwehren sehr stark eingeschränkt, da die entsprechenden Neutralisationsmittel nicht schnell genug beschafft werden können. Der Feuerwehr bleibt daher in der Regel, insbesondere bei Unfällen auf der Straße, keine andere Möglichkeit, als die ausgelaufenen Flüssigkeiten zu verdünnen. Die alte Chemiker-Regel: »Erst das Wasser, dann die Säure sonst geschieht das Ungeheure!« lässt sich im Einsatz nur sehr selten anwenden. Die ausgelaufenen Säuren oder Laugen können nicht aufgenommen werden, also muss das Wasser auf diese Stoffe gegeben werden. Hierbei besteht allerdings die große Gefahr, dass es zu starker Erhitzung mit plötzlichem Aufkochen und Umherspritzen kommt, was bei konzentrierter Schwefelsäure kaum zu vermeiden ist. Daher sollte die Feuerwehr, speziell bei dieser Säure, wenn irgend möglich davon absehen, sie mit Wasser zu verdünnen, sondern sich darauf beschränken, sie mit einem Sand- oder Erdwall einzugrenzen und ihre Beseitigung einer kompetenten Stelle, gegebenenfalls der zuständigen Lieferfirma, zu überlassen. Ganz allgemein sollten ausgelaufene Säuren oder Laugen, sofern es sich nicht nur um wenige Liter handelt, nach Möglichkeit zunächst eingegrenzt und dann erst verdünnt werden, wenn es zur Abwendung weiterer Gefahren unbedingt notwendig erscheint. Das Verdünnen darf keinesfalls mit scharfem Vollstrahl, sondern stets nur mit drucklosem Sprühstrahl und dann mit sehr großen Mengen Wasser vorgenommen werden, da eine nur mäßig verdünnte Säure oder Lauge häufig aggressiver mit Oberflächen reagiert als die hochkonzentrierte Form.

Die eingesetzten Trupps sollten auf jeden Fall mindestens mit Gummistiefeln und Gummihandschuhen sowie mit angelegter Atemschutzmaske als Augenschutz vorgehen. Atemschutzgeräte sind dagegen im Freien nur erforderlich, wenn stechend riechende Dämpfe oder rotbraun gefärbte Gase (nitrose Gase bei »rauchender« Salpetersäure) auftreten.

2.7 Zusätze zum Löschwasser

2.7.1 Frostschutzmittel

In ortsfesten Löschanlagen, fahrbaren Wasserbehältern und Feuerlöschern, die in nichtfrostgeschützten Anlagen untergebracht sind, kann es notwendig sein, Frostschutzzusätze zu verwenden. Im Allgemeinen wird das Wasser bis –15 bzw. –30 °C frostgeschützt.

Durch die Zugabe von Salzen oder organischen Stoffen wird eine Gefrierpunktserniedrigung erreicht. Die Erniedrigung des Gefrierschutzes ist abhängig von der Menge der zugesetzten Frostschutzmittel. Als Frostschutzmittel kommen in Frage:

- Pottasche (K_2CO_3),
- Magnesiumchlorid ($MgCl_2$),
- Calciumchlorid ($CaCl_2$),
- Natriumlaktatlösung sowie
- mehrwertige Alkohole (Glykole).

Die Zugabe von Salzen (Magnesiumchlorid, Calciumchlorid) hat den Nachteil, dass die Korrosionswirkung des Wassers wesentlich erhöht wird. Glykole dagegen sind nur in sehr beschränktem Maße einsetzbar, weil sie brennbar sind. Zum Erreichen einer Frostbeständigkeit bis –30 °C wären z. B. 44 % Glykol-Zusatz erforderlich. Diese Lösung ist jedoch selbst brennbar und somit als Löschmittel ungeeignet.

2.7.2 Korrosionshemmende Zusätze

Wird Wasser in metallischen Behältern, die nicht korrosionsgeschützt sind, aufbewahrt, tritt bereits nach kurzer Zeit Korrosion ein, die zur Zerstörung der Behälter führen kann. Die Korrosionswirkung wird durch Netzmittel und Frostschutzzusätze u. U. noch erhöht.

Der beste Korrosionsschutz liegt in der Wahl der für den Behälter verwendeten Werkstoffe. Falls kein rostbeständiger Stahl (X 12 CrNi 18 8 nach DIN 17440) verwendet wird, sollten metallische Überzüge (Schmelztauchverfahren, Spritzverfahren, Galvanisieren, Plattieren), oder nichtmetallische Überzüge (Phosphatieren, Chromatieren, Lackieren, Kunststoff- oder Gummibeschichtungen) eingesetzt werden.

Als Korrosionsschutzmittel werden hauptsächlich Natriumchlorid und Wasserglas benutzt. Weiterhin sind Kaliumchromat, Alkaliphosphate und Natriumnitrit unter bestimmten Voraussetzungen brauchbar.

2.7.3 Konservierungsmittel

Da sich im Wasser mit der Zeit Bakterien bilden, die zur Schimmel-, Algen- oder Fäulnisbildung führen, ist ein Konservierungsmittel in einigen Fällen erforderlich. Eine gewisse konservierende Wirkung haben die Frostschutzsalze. Als Konservierungsmittel können weiterhin die als Desinfektionsmittel bekannten Chemikalien, soweit sie nicht stark korrodierend wirken, verwendet werden.

2.7.4 Löschwirksame Zusätze

Die Verbesserung der Löschwirkung des Wassers durch Zusätze zu erreichen, wurde schon im vorigen Jahrhundert eifrig betrieben. Begrenzte Erfolge sind jedoch erst in den letzten 20 Jahren aufgetreten.

Auch heute noch ist die Frage strittig, ob der Zusatz von löschwirksamen Substanzen zum Wasser im Regelfall überhaupt wirtschaftlich vertretbar ist oder ob es besser ist, unter Einsatz von etwas mehr Löschwasser den gleichen Effekt zu erzielen. Letzten Endes ist das sicherlich eine Kostenfrage. Zwar führt der Zusatz von löschwirksamen Mitteln in jedem Fall zu einer Verbesserung der Löschwirkung, fraglich ist nur, ob sich der Aufwand lohnt. Vom einsatztaktischen Standpunkt her sind Zusätze vertretbar, wenn mit beschränkten Löschwasservorräten gelöscht werden muss (Einsatz bei Waldbränden, Einsatz von Feuerlöschern).

Seit einigen Jahren sind besonders für Feuerlöscher und fahrbare Löschgeräte Zusätze zum Wasser bzw. gebrauchsfertig vorgemischte Lösungen entwickelt worden. Diese Zusätze bzw. Lösungen erhöhen den Einsatzwert eines Feuerlöschers ganz erheblich und sind daher durchaus zu begrüßen.

2.7.5 Netzmittel

Die Oberflächenspannung des Wassers ist relativ hoch; sie beträgt $7{,}26 \cdot 10^{-4}$ N und hat damit einen Wert, der etwa 2– bis 3 mal größer ist als bei den meisten anderen Flüssigkeiten. Wasser hat das Bestreben, seine Oberfläche so klein wie möglich zu halten; daher nimmt ein Wassertropfen stets Kugelform an. Netzmittelzusätze sollen die Oberflächenspannung des Wassers herabsetzen und die damit indirekt in Zusammenhang stehende Benetzbarkeit verbessern. Die Benetzbarkeit ist abhängig von der Netzarbeit und der Spreitarbeit. Genaue Werte für die Benetzbarkeit können daher nur für ganz bestimmte zu benetzende Substanzen festgestellt werden. Praktisch brauchbare Methoden zur Bestimmung der Benetzbarkeit gibt es z. Z. noch nicht. Als Netzmittel kommen Alkalien, Seifen und Seifenrindenextrakte, hydrolysierte Fettalkohole (Detergentien, Tenside), Nekale und Igepone in Betracht.

Im praktischen Feuerwehreinsatz empfiehlt sich insbesondere die Verwendung von Mehrbereichsschaummitteln als Netzmittel, die (unterschiedlich nach zu benetzender Substanz) zwischen 0,1 bis 5 % zugemischt werden. Als Faustregel kann eine Zumischung von 0,5 bis 1 % gelten. Die Anwendung von Netzmittelzusätzen ist erforderlich oder zumindest zweckmäßig bei Bränden von Stäuben, Holzfaserstoffen, Textilballen, Torf usw. Durch den Einsatz von Netzmitteln wird einerseits die Löschzeit verkürzt, andererseits aber auch der Löschwasserverbrauch verringert.

Sicherlich gehören hierzu auch die Entwicklungen der letzten Jahre wie der Class-A-Foam im Normaldruckbereich und die Weiterentwicklung, der Druckluftschaum (CAFS – Compressed Air Foam System). Da diese Systeme eher in den Bereich der Löschschäume gehören, soll dort näher darauf eingegangen werden.

2.7.6 Zusätze zur Verringerung des Strömungswiderstandes

Der Druckhöhenverlust in einer Schlauchleitung ist bekanntlich u. a. wesentlich abhängig vom jeweiligen Förderstrom. Bei den gebräuchlichen Förderströmen (z. B. 800 l/min in B-Schläuchen, 200 l/min in C-Schläuchen) ist stets mit einer turbulenten Strömung zu rechnen, weil die Reynolds-Zahl weit über

40 000 liegt. Die bei turbulenter Strömung auftretende Querbewegung der Wasserteilchen verursacht einen erheblichen Druckhöhenverlust. Ein in den USA entwickeltes Zusatzmittel zum Wasser, das auf der Basis von hochpolymeren Kettenmolekülen von Polyethylenoxid aufgebaut ist, schränkt die bei turbulenter Strömung auftretenden Querbewegungen des Wassers ein und vermindert damit den Druckhöhenverlust in der Schlauchleitung. Gleichzeitig kann bei Zusatz dieses Mittels eine Vergrößerung der Wurfweite von Vollstrahlen erreicht werden.

Besonders bemerkenswert ist, dass bei diesem Mittel nur ein Zusatz von etwa 0,02 bis 0,04 % erforderlich ist. Nach den bisherigen Erprobungen kann mit einer Verminderung des Druckhöhenverlustes um bis zu 70 % und mit einer Vergrößerung der Wurfweite von Vollstrahlen um ebenfalls 70 % gerechnet werden. Ob sich das inzwischen auch auf dem deutschen Markt unter der Bezeichnung *URWA-F* (Union Carbide Rapid Water Additive-F) angebotene Mittel, für das die AEG entsprechende Zumischgeräte entwickelt hat, bewähren wird, muss die Praxis zeigen. Sicherlich wird auch hier die Kostenfrage eine entscheidende Rolle spielen.

2.8 Maßnahmen zum Umweltschutz

2.8.1 Sparsamer Umgang mit Wasser

Löschwasser ist in den meisten Fällen auch Trinkwasser, das die Versorgungsbetriebe mit hohem technischen und finanziellen Aufwand zur Verfügung stellen. Darüber hinaus ist es in manchen Gebieten schon verhältnismäßig schwierig, der Bevölkerung dieses »kostbare Naß« in guter Qualität und in der notwendigen Menge zu liefern. Schon aus diesem Grunde ist es erforderlich, mit dem Wasser sparsam umzugehen.

2.8.2 Abfließendes Löschwasser

Besonders wichtig ist es, bei Brandeinsätzen darauf zu achten, wohin das verschmutzte und möglicherweise mit Chemikalien, Mineralölen oder sonstigen Giften verunreinigte Löschwasser fließt. Bei vielen Bränden werden verbrannte oder unverbrannte Stoffe und Pyrolyseprodukte freigesetzt, die mit dem Löschwasser weggespült werden und das Oberflächen- oder Grundwasser schädigen bzw. die Kläranlagen überlasten.

Es ist also eine wichtige Aufgabe des Einsatzleiters, den Abfluss des Löschwassers zu kontrollieren und notwendige Schutzmaßnahmen zu veranlassen.

2.8.3 Einsatz von Wasser bei gefährlichen Stoffen und Gütern

Für den Bereich der ortsfesten Anlagen der chemischen Industrie hat sich inzwischen – wohl nicht zuletzt als Folge katastrophaler Ereignisse – die Einsicht durchgesetzt, dass das zum Löschen möglicher Brände erforderliche Wasser aufgefangen und entsprechend entsorgt werden muss. Gesetzliche Bestimmungen (Wasserhaushaltsgesetz, Bundesimmissionsschutzgesetz und das Gewerberecht mit den einschlägigen Verordnungen, wie z. B. Störfall-VO, Gefahrstoff-VO, VAwS usw.) und Richtlinien geben dem Vorbeugenden Brandschutz die Möglichkeit, die notwendigen baulichen Maßnahmen zu fordern.

Insbesondere die »Richtlinie zur Bemessung von Löschwasser-Rückhalteanlagen beim Lagern wassergefährdender Stoffe (LöRüRL)« der Fachgruppe »Bauaufsicht« der ARGEBAU gibt dem Beamten im Vorbeugenden Brandschutz brauchbare Hinweise. Unter Berücksichtigung der Wassergefährdungsklassen (WGK 1 bis WGK 3) werden in dieser Richtlinie die erforderlichen Volumina der Löschwasser-Rückhalteanlagen in Abhängigkeit von der Art der Feuerwehr, den Brandmelde- und Feuerlöschanlagen (Sicherheitskategorie 1 bis 4), der Fläche des Lagerabschnitts, der Lagerhöhen, -dichten und -mengen sowie der Art des Lagerns aufgeführt.

Im Bereich des Gefahrguttransportes ist es zunächst eine wichtige Aufgabe des Einsatzleiters abzuwägen, ob Wasser mit Rücksicht auf die mögliche Ausbreitung des Gefahrgutes überhaupt eingesetzt werden darf. Wenn er sich für den Einsatz von Wasser entscheidet, muss gleichzeitig alles getan werden, mit umweltschädigenden Stoffen kontaminiertes Wasser aufzufangen, einzugrenzen oder in anderer Weise umweltschonend zu entsorgen.

3 Schaum

3.1 Allgemeines

Als in den 60er Jahren des vorigen Jahrhunderts die ersten Erdölbohrungen angesetzt wurden und dann in den folgenden Jahrzehnten das »schwarze Gold« in steigendem Maße aus der Erde sprudelte, ergab sich für das Brandschutzwesen das Problem, ein wirksames Löschmittel für die schon frühzeitig auftretenden Ölbrände zu finden; denn Wasser erwies sich als absolut ungeeignet, da es schwerer war als die zu löschenden Mineralöle und daher wirkungslos in diesen versank. Die Lösung dieses Problems wurde in der »stabilisierten Verschäumung« des Wassers gefunden. Gewöhnliches Wasser kann wegen seiner hohen Oberflächenspannung keinen beständigen Schaum bilden. Setzt man aber einen – relativ geringen – Prozentsatz an Stoffen zu, welche die Oberflächenspannung erniedrigen, z. B. Seifen, Saponin, Eiweißstoffe u. ä., dann erhält man beim Verschäumen mit einem geeigneten »Füllgas«, im einfachsten Falle mit Luft, einen hinreichend stabilen Schaum, dessen Eigenschaften durch geeignete Schaummittel und apparative Maßnahmen bei der Erzeugung in weiten Grenzen variiert und so den Erfordernissen der Praxis angepasst werden können.

Schaum als Gemenge von Wasser und einem Gas ist naturgemäß schwerer als das Gas und wiederum leichter als das Wasser und auch leichter als alle anderen Flüssigkeiten. Mit einem hinreichend beständigen und zähen Schaum kann daher eine auf der brennenden Flüssigkeit schwimmende geschlossene Deckschicht erzeugt werden, die verhindert, dass weitere brennende Dämpfe in die Reaktionszone nachgeliefert werden. Damit wird eine erstickende Löschwirkung durch Trennen der Reaktionspartner (vgl. Kapitel 1.4.1.3) herbeigeführt.

Als Erfinder des Schaumlöschverfahrens kann der Engländer *John Henry Johnson* angesehen werden, der mit seinem brit. Patent Nr. 560 vom 9. 2. 1877 »Apparatus for Extinguishing Fire« das erste Schaumlöschgerät entwickelte. Zu dieser Zeit waren größere Ölbrände nur vereinzelt aufgetreten, sodass man die Notwendigkeit eines speziellen Löschverfahrens hierfür noch nicht allgemein erkannte. Erst als zu Beginn unseres Jahrhunderts verschiedentlich größere Ölbrände in Amerika und Russland auftraten, begann man sich stärker für das Schaumlöschverfahren zu interessieren.

Elmar Gates (1903), *Alexander Laurent* (1904) sowie *Johann Stanzig, Rudolf König* und *Josef Rosenthal* sind die Pioniere, die noch vor dem Ersten Weltkrieg Schaumgeräte entwickelten. Bis etwa 1930 kannte man praktisch nur den so genannten »chemischen« Schaum. Dieser wurde dadurch erzeugt, dass man in wässriger, mit Saponin als Schaummittel versetzter Lösung Aluminiumsulfat auf Natriumhydrogencarbonat einwirken ließ, wodurch Kohlendioxid-Gas entwickelt wurde, welches die Lösung zum Aufschäumen brachte. Es entstand ein feinblasiger, zäher Schaum von guter Beständigkeit. Der chemische Schaum hatte jedoch eine Reihe erheblicher Nachteile, nämlich:

1. Für 1 m^3 Schaum waren rund 15 kg Chemikalien in Pulverform erforderlich, davon allein 14,5 kg zur Erzeugung des Füllgases CO_2.
2. Entsprechend dem hohen Chemikalienbedarf ergab sich ein relativ hoher Kostenaufwand.
3. Aus Raum- und Gewichtsgründen konnten auf den normalen Löschfahrzeugen nur wenige der je 15 kg schweren Schaumpulverbehälter mitgeführt werden. Schaumeinsätze eines Löschzuges waren daher nur bei relativ kleinen Objekten möglich. Für größere Einsätze mussten Spezialfahrzeuge nachalarmiert werden.
4. Der Schaumgenerator, durch den das Schaumpulver dem Wasser zugemischt wurde (Injektorprinzip) war sperrig und unhandlich. Seine Unterbringung – meist diente die Drehleiter als Behelf – blieb stets ein Problem.
5. Chemischer Schaum war elektrisch leitfähig und daher ungeeignet bzw. gefährlich bei Bränden in Spannung führenden elektrischen Anlagen (Öltrafos usw.).
6. Chemischer Schaum hinterließ stark verschmutzte und schwer zu beseitigende Rückstände, vor allem das weiße, wasserunlösliche Aluminiumhydroxid.

Als der Berliner Patentanwalt *Clemens Wagener* im Jahre 1923 auf den Gedanken kam, einfach Luft als Füllgas zu verwenden, hatte er damit ein neues Schaumverfahren, das so genannte »Luftschaum-Verfahren« gefunden, das die Nachteile des bisherigen chemischen Schaumes weitgehend vermied und diesen daher auch in der Folgezeit völlig verdrängen konnte. Bis dahin hatte man als selbstverständlich angenommen, dass das im Schaum gebundene Füllgas auf jeden Fall ein »Stickgas« sein musste. *Wagener* hatte aber richtig erkannt, dass die im Schaum gebundene Luft die Verbrennung durchaus nicht fördert, sondern dass es im Grunde belanglos ist, welches Gas als Füllgas dient. Damit begann das Löschmittel »Luftschaum« seinen Einzug in die Löschtechnik. Die Dänen *Schröder und Van Deurs* entwickelten kurz darauf ein »Kompressor-Luftschaum«-Aggregat das aus einer Kreiselpumpe, einem Luftkompressor und einer rotierenden »Schaumpeitsche« bestand und in der Folgezeit eine gewisse Bedeutung erlangte. Aber erst als *Wilhelm Friedrich* das gerätetechnisch unkomplizierte und dabei äußerst leistungsfähige »Strahlrohrschaum«-Verfahren erfunden hatte, war die Entscheidung endgültig zugunsten des »Luftschaumes« gefallen. Sein 1932 patentiertes Luftschaumstrahlrohr, das unter dem Namen »Kometrohr« bekannt geworden ist, setzte sich rasch bei den Feuerwehren durch und bestand im Zweiten Weltkrieg bei ungezählten Einsätzen seine Feuerprobe. Es wurde während des Krieges (»Einheits-Schaumrohr«) und auch später noch in Einzelheiten verbessert und gehört heute zur Standardausrüstung der Feuerwehren in der ganzen Welt.

Schon in den ersten Jahren nach Einführung des Luftschaumverfahrens hatte man bei Tankbränden die Erfahrung gemacht, dass Schaum mit einer Verschäumungszahl von 10 und höher dem Auftrieb der Flammengase gegenüber zu leicht war, von diesen fortgetragen wurde und daher die Oberfläche der brennenden Flüssigkeit überhaupt nicht erreichte. Für Tankbrände erwiesen sich Schäume mit Verschäumungszahlen zwischen 5 und 7 als am besten geeignet. Höhere Verschäumungen erschienen danach ganz allgemein als unbrauchbar, – zu Unrecht; denn bei Bränden in umgrenzten Räumen, wo sich Wind- und Auftriebskräfte kaum auswirken können, ist Schaum auch in extrem hoher Verschäumung noch mit Erfolg einsetzbar. Zu dieser Erkenntnis gelangte man erst ab 1956, als die englische Gesellschaft »Safety in Mines Establishment« in Buxton die Verwendung von hochexpandiertem Schaum zur Bekämpfung von Grubenbränden vorschlug. In den USA wurde das neue »Leichtschaum«-Verfahren für allgemeine Zwecke unter der Bezeichnung »HI-EX«-Verfahren* weiter entwickelt.

Dieses Leichtschaum-Verfahren, das mit Verschäumungszahlen bis zu 1000 arbeitet, hat sich heute für bestimmte Zwecke einen festen Platz in der Löschtechnik erobert.

Die Entwicklung der *Schaummittel* verlief parallel zur Entwicklung der Geräte. Während beim chemischen Schaum hauptsächlich Natriumhydrogencarbonat und Aluminiumsulfat als Reaktionsmittel unter Zusatz von Saponin, Süßholzextrakt und ähnlichen Schaummitteln verwendet wurden, dienten als Luftschaummittel von Anfang an wasserlösliche Abbauprodukte von Eiweißstoffen. Diese Eiweißschaummittel sind auch heute noch als Schwer-

* HI-EX, Abkürzung für High Expansion, wörtlich hohe Ausdehnung

schaummittel im Gebrauch. Etwa 1960 wurden für den modernen Waschmitteln sehr verwandten Mehrbereichsschaummittel – zunächst als Leichtschaummittel – entwickelt. 1964 wurde in den USA mit dem so genannten »Light Water« ein Schaummittel mit einem besonderen zusätzlichen Effekt, dem AFFF-Effekt, herausgebracht. Der mit diesem Schaummittel erzeugte Schaum (Aqueous Film Forming Foam) entwickelt auf der Flüssigkeitsoberfläche eine Sperrschicht in Form eines dünnen Films, wodurch der Durchtritt von brennbaren Dämpfen und eine Wiederentzündung beim Aufreißen der Schaumschicht verhindert bzw. erschwert werden soll. Derartige inzwischen auch von deutschen Firmen hergestellte Schaummittel mit AFFF-Effekt sowie die in den letzten Jahren neu entwickelten Fluor-Protein-Schaummittel scheinen vorläufig die letzte Stufe der Entwicklung des Schaumlöschverfahrens zu sein. Wenn man die Geschichte des Schaumes als Löschmittel verfolgt, lassen sich einige interessante Feststellungen treffen. Zunächst einmal liegt der Gedanke, Schaum als Löschmittel zu verwenden, heute bereits rund 100 Jahre zurück. Doch spielte dieses Löschmittel in den ersten 50 Jahren seiner Geschichte in den Feuerwehren praktisch keine Rolle. Erst der enorm gesteigerte Mineralölverbrauch, der mit der Entwicklung der modernen Kriegsmaschinen im Ersten Weltkrieg einsetzte und anschließend durch den weltweiten stürmischen Aufschwung der Kraftfahrzeugindustrie noch weiter verstärkt wurde, führte dazu, dass sich die Feuerwehren immer intensiver mit dem Schaumlöschverfahren befassen mussten, um den besonderen Brandgefahren, die der ständig zunehmende Umgang mit Mineralölen mit sich brachte, wirksam begegnen zu können.

Die weitere Entwicklung des Schaumlöschverfahrens wurde mit Beginn des Zweiten Weltkrieges dadurch unterbrochen, dass den kriegswirtschaftlichen Erfordernissen entsprechend nur noch Einheitsschaumgeräte und -mittel hergestellt werden durften. Als in den Nachkriegsjahren der Wirtschaftsboom zu einer gewaltigen Steigerung des Energieverbrauches, insbesondere auch an Erdölprodukten (Motorenbenzin, Dieselkraftstoff, Heizöl usw.) führte, setzte im Zeichen der liberalisierten Wirtschaft auch eine lebhafte und vielseitige Weiterentwicklung des Schaumlöschverfahrens ein. Leider hat diese Entwicklung zu einer über die praktischen Bedürfnisse weit hinausgehenden Typenvielfalt geführt. Insbesondere sollte in Zukunft dem Umweltschutz (siehe Kapitel 3.7) mehr Aufmerksamkeit gewidmet werden.

Vorläufiger Höhepunkt der Entwicklung ist die Entwicklung des Class-A-Foam und des Druckluftschaums (CAFS). Ausgehend von der Erkenntnis, dass der Zusatz von Netzmitteln die Oberflächenspannung des Wassers verringert und dadurch sowohl eine Verschäumung wie auch eine allgemeine Verbesserung des Wärmeüberganges vom Brandgut auf das Wasser ermöglicht, war es logisch, diesen Effekt bei der Brandbekämpfung in der Brandklasse möglichst generell zu nutzen. Dies führte zur Entwicklung der Class-A-Foam-Löschsysteme.

Wird diesem Wasser-Schaummittelgemisch über einen Kompressor Druckluft zugeführt, werden Wurfweiten und -höhen sowie die Verschäumung wesentlich verbessert. Damit wird die Löschwirkung vor allem bei Bränden der Brandklasse A optimiert, was zu einem geringeren Löschmitteleinsatz führt und damit auch der Umwelt zugute kommt.

3.2 Begriffe

Der heute im Brandschutzwesen verwendete Schaum ist ausschließlich Luftschaum. Chemischer Schaum hat in der Bundesrepublik Deutschland auch in Feuerlöschern keine Bedeutung mehr.

Schaum ist das einzige Löschmittel, das nicht in fertiger Form auf Löschfahrzeugen mitgeführt wird, sondern erst an der Einsatzstelle erzeugt werden muss. In ortsfesten Anlagen wird ebenso erst im Gebrauchsfalle der Schaum aus den bereitgehaltenen Geräten bzw. Mitteln erzeugt. Schaum besteht im Allgemeinen aus den drei Komponenten Wasser, Schaummittel und Luft.

Die Wasser/Schaummittel-Lösung kann vorgemischt sein oder erst im Einsatzfalle durch Zumischer erzeugt werden. Vorgemischte Lösungen werden in erster Linie in tragbaren oder fahrbaren Kleinlöschgeräten und seltener auch in ortsfesten Anlagen verwendet.

3.2.1 Zumischung

Unter Zumischung versteht man den prozentualen Anteil von Schaummitteln an der Wasser/Schaummittel-Lösung. Eine 3 %ige Zumischung bedeutet also, dass die Wasser/Schaummittel-Lösung aus 97 % Wasser und 3 % Schaummittel besteht. Die übliche Zumischung liegt etwa im Bereich von 1 bis 6 % und kann bei Spezialschaummitteln auch bis zu 10 % betragen. Im Allgemeinen werden bei Schwerschaummitteln 3 bis 5 % und bei Mehrbereichsschaummitteln 2 bis 3 % zugemischt. Die Angaben der Hersteller der Geräte bzw. der Schaummittel sind zu beachten.

Die Höhe der Zumischung kann einen wesentlichen Einfluss auf die Schaumstabilität haben. Die Verschäumungszahl wird dagegen durch Erhöhen der vorgeschriebenen Zumischung nur geringfügig beeinflusst.

3.2.2 Verschäumungszahl

Die Verschäumungszahl (VZ) ist das Verhältnis zwischen Flüssigkeitsmenge (Wasser/Schaummittel-Lösung) und Schaummenge. Sie gibt an, wie vielfach sich die Flüssigkeitsmenge bei der Verschäumung vergrößert hat. Ergibt z. B. 1 l Flüssigkeit unter Zusatz von 7 l Luft 8 l Schaum, so ist das Verhältnis von Flüssigkeitsmenge und Schaummenge 1 : 8. Genannt wird als Verschäumungszahl nur die größere Zahl, also VZ = 8.

$$\text{Verschäumungszahl} = \frac{\text{Schaumvolumen}}{\text{Flüssigkeitsvolumen}}$$

oder

$$\text{Verschäumungszahl} = \frac{1}{\text{Dichte des Schaumes}}$$

Wiegt z. B. 1 l Schaum 0,2 kg (also 0,2 kg/l) so ist die Verschäumungszahl

$$VZ = \frac{1}{0{,}2} = 5$$

Man geht bei der Bestimmung der Verschäumungszahl davon aus, dass das Schaummittel etwa die Dichte des Wassers (1 kg/l) hat. Die Verschäumungszahl der verschiedenen Schäume liegen im Bereich von etwa 4 bis 1000. Nach der Verschäumungszahl teilt man die Schäume ein in

Schwerschaum – VZ bis 20
Mittelschaum – VZ von 20 bis 200
Leichtschaum – VZ von 200 bis 1000.

Verschäumungszahlen über 1000, die technisch durchaus möglich sind, haben sich als unzweckmäßig erwiesen, da Schäume mit zu hohen Verschäumungszahlen keinen Anwendungsbereich haben.

Bei welchen Verschäumungszahlen die Schäume am löschwirksamsten sind, ist von der Art der brennenden Stoffe, der jeweiligen Lage und Größe des Brandes und vielen anderen Faktoren abhängig. Einen für alle Brandeinsätze »optimalen Schaum« gibt es nicht. Die Verschäumungszahl ist wesentlich abhängig von der Art und Qualität des Schaumgerätes und des Schaummittels. Einen gewissen Einfluss auf die VZ haben weiterhin die Art der Zumischung (Zumischer oder vorgemischte Lösung), der Druck am Schaumrohr, die Schlauchlänge zwischen Zumischer und Rohr, die Beschaffenheit des Wassers und der Luft (Beimengung von Brandgasen, Rauch und dergleichen), die Temperatur der Wasser/Schaummittel-Lösung sowie der Luft. Darüber hinaus hat aber auch die Art der Messung – z. B. trichterförmiger oder zylindrischer Behälter – einen gewissen Einfluss auf die festgestellte Verschäumungszahl.

3.2.3 Fließfähigkeit

Einheitliche Methoden zur Bestimmung der Fließfähigkeit des Schaumes gibt es zur Zeit noch nicht. Da die Fließgeschwindigkeit des Schaumes sehr stark von der Dichte des Schaumes und der Dicke der Schaumschicht abhängig ist, andererseits der Schaum an Wandungen leicht festgehalten wird, dürften Prüfmethoden im Labormaßstab nur einen geringen Aussagewert haben. Nur größere Prüfbehälter, die mindestens 8 bis 10 m^2 Fläche haben, könnten einigermaßen brauchbare Werte ergeben. Im Allgemeinen wird die Fließfähigkeit auf einem Wasserpolster gemessen. Die Verwendung von Brandflüssigkeiten hat den Nachteil, dass wegen der unterschiedlichen schaumzerstörenden Wirkung der einzelnen Flüssigkeiten reproduzierbare Werte nicht erreichbar sind. Es ist zu hoffen, dass mit der Normung der Schaummittel und -geräte auch hier einheitliche Versuchsanordnungen getroffen werden. Bei Schwerschäumen dürfte die Fließgeschwindigkeit etwa im Bereich von 5 bis 10 cm/s liegen. Leichtere Schäume haben eine geringere Fließfähigkeit.

3.2.4 Wasserhalbzeit

Die Wasserhalbzeit (WHZ) ist ein Maß für die Beständigkeit des Schaumes. Als Wasserhalbzeit bezeichnet man die Zeit, in der die Hälfte der im Schaum enthaltenen Flüssigkeit ausgetreten ist. Sie wird im Kaltversuch, d. h. unter Ausschluss der Einflüsse des Brandes und des Brandgutes, bestimmt. Meistens werden zur Bestimmung der WHZ zylindrische Behälter verwendet. Die Form der Behälter sowie ihre Durchmesser, aber auch die Art der Einführung des Schaumes beeinflussen die WHZ. Exakte vergleichbare Werte können also nur ermittelt werden, wenn bei der Bestimmung der WHZ gleiche Methoden vereinbart werden.

Die Wasserhalbzeit soll bei Schwer- und Mittelschaum etwa im Bereich von 15 bis 25 min liegen (AFFF mind. 8 min). Beim Leichtschaum sind die Werte erheblich höher.

Einerseits braucht der Schaum eine gewisse Beständigkeit, damit sich eine geschlossene Schaumdecke bilden kann. Andererseits soll sich aus dem Schaum auch Flüssigkeit ausscheiden, damit neben der Stickwirkung auch eine entsprechende Kühlwirkung auftreten kann. Daraus ergibt sich, dass die WHZ nicht extrem hoch getrieben werden darf.

3.2.5 Abbrandwiderstand

Der Abbrandwiderstand (auch Hitzebeständigkeit oder Feuerfestigkeit genannt) ist ein Maß für die Beständigkeit des Schaumes gegen Wärme, die direkt oder indirekt auf den Schaum einwirkt. In den Abbrandwiderstand müssen die Zerstörungsraten eingehen, die durch direkte Flammenberührung, durch heiße Wandungen von Behältern, durch Strahlungswärme, durch heiße brennende Flüssigkeiten usw. bewirkt werden.

Abbrandwiderstand und mögliche Brennstoffaufnahme des Schaumes sowie weitere für den praktischen Schaumeinsatz wichtige Kenngrößen sind in DIN EN 1568 teilweise erfasst.

3.3 Schaummittel – Anforderungen und Arten

Die für Schaummittel zu fordernden Eigenschaften sind in DIN EN 1568 festgelegt, und zwar

DIN EN 1568-1	Schaummittel zur Erzeugung von Mittelschaum zur Aufgabe auf nicht-polare Flüssigkeiten
DIN EN 1568-2	Schaummittel zur Erzeugung von Leichtschaum zur Aufgabe auf nicht-polare Flüssigkeiten
DIN EN 1568-3	Schaummittel zur Erzeugung von Schwerschaum zur Aufgabe auf nicht-polare Flüssigkeiten
DIN EN 1568-4	Schaummittel zur Erzeugung von Schwerschaum

Nach ihrem substantiellen Aufbau wie nach ihrer Verwendbarkeit lassen sich Schaummittel in die folgenden Klassen einteilen:

- Proteinschaummittel (P),
- Fluor-Proteinschaummittel (FP),
- synthetische Schaummittel (S),
- alkoholbeständige Schaummittel (AR – Alkohol resistant foam concentrates),
- wasserfilmbildende Schaummittel (AFFF – aqueous film-forming foam concentrates) und
- filmbildende Fluor-Proteinschaummittel (AFFFP – film-forming fluoroprotein foam concentrates).

Die verschiedenen Schaummittel-Arten unterscheiden sich in ihrer chemischen Zusammensetzung und Reaktion erheblich. Es ist daher zu beachten, dass Schaummittel verschiedener Art und Herkunft nicht beliebig miteinander gemischt werden dürfen. Wenn auch die Standard-Schwerschaummittel (Protein-Schaummittel – PS) ohne Nachteile untereinander mischbar sind, so kann es in anderen Fällen, wenn z. B. bei der Hydrolysierung unterschiedliche Ausgangsstoffe verwendet wurden, zu Qualitätsminderungen und Verklumpungen kommen, die u. U. die Schaumgeräte verstopfen. In Zweifelsfällen empfiehlt es sich, vorher beim Hersteller anzufragen.

Unbedingt zu vermeiden ist das Zusammenbringen von synthetischen Schaummitteln, im deutschen Sprachraum auch als Mehrbereichsschaummittel bezeichnet, und Proteinschaummitteln, im deutschen Sprachraum auch als Schwerschaummittel bezeichnet. Schon geringe Mengen von Mehrbereichschaummitteln, die mit Proteinschaummitteln vermischt werden, verringern die Verschäumungszahl und die Schaumstabilität erheblich. Es ist daher zu vermeiden, dass geringe Mengen von Mehrbereichsschaummitteln in Behältern zurückbleiben, die später mit Schwerschaummitteln gefüllt werden. Auch müssen bei einem Einsatz von Mehrbereichsschaummitteln und nachfolgendem Einsatz von Proteinschaummitteln die Geräte vorher gründlich durchgespült werden, damit nicht Spuren von Mehrbereichsschaummitteln zurück bleiben. Umgekehrt ist die geringfügige Zugabe von Schwerschaummitteln praktisch ohne Bedeutung. Hinsichtlich der Haltbarkeit wird von den Herstellern im Allgemeinen eine Lagerfähigkeit von fünf Jahren garantiert, wenn die vom Hersteller angegebenen Lagerbedingungen eingehalten werden. Die Lagerung sollte nur in Originalbehältern bei Temperaturen um 10 °C und in trockenen, nicht der Sonnenbestrahlung ausgesetzten Räumen erfolgen. Erfahrungsgemäß sind Schaummittel bei günstigen Lagerbedingungen etwa zehn Jahre haltbar.

Schaummittel müssen nach zweijähriger Lagerung und danach jährlich auf ihre Brauchbarkeit untersucht werden.

3.3.1 Schwerschaummittel

Unter Schwerschaummittel versteht man grundsätzlich ein Protein-Schaummittel, d. h. eiweißhaltiges Schaummittel, das als solches speziell für den Bereich des Schwerschaumes (VZ bis 20) geeignet ist.

Proteinschaummittel (P)
Grundstoffe für die Herstellung von eiweißhaltigen Schaummitteln sind vor allem Hornmehl, Hornspäne oder Hornschrot, die bei der Herstellung von Geräten aus Horn abfallen. Daneben können auch Hufmehl, Haare, Federn oder andere eiweißhaltige Stoffe verwendet werden. Aus den vorgenannten Grundstoffen wird das Eiweiß meistens durch alkalische Hydrolyse, d. h. unter Verwendung von z. B. Natronlauge oder Kalilauge und Wasser abgebaut und damit wasserlöslich gemacht. Der Eiweißgehalt der in der Bundesrepublik im Handel befindlichen Schaummittel liegt um 20 %. Im Allgemeinen werden den so gewonnenen Eiweißschaummitteln Stabilisatoren zugesetzt, die den Abbrandwiderstand des Schaumes erhöhen. Außerdem sind in der Regel Konservierungsmittel erforderlich, die eine bakterielle Zersetzung des Schaummittels verhindern und damit der besseren Haltbarkeit dienen.

Filmbildende Schaummittel
Zu den filmbildenden Schaummitteln gehören die wasserfilmbildenden Schaummittel (AFFF) und die filmbildenden Fluor-Proteinschaummittel (AFFFP). Bei diesen Schwerschaummitteln handelt es sich um synthetische Fluorcarbon-Netzmittel oder zum Teil auch um hydrolysierte Proteine, die mit perfluorierten Kohlenwasserstoffderivaten vereinigt wurden. Aus diesen Mitteln hergestellte Schäume wirken zunächst genau so wie herkömmliche. Charakteristisch für ihre Wirkung ist jedoch, dass sie zusätzlich an der Grenzfläche zwischen Schaumschicht und Brandflüssigkeit einen wasserhaltigen Film bilden, der auch nach Zerstörung des Schaumes bestehen bleibt (bzw. bestehen bleiben soll).

Dadurch kann das Aufsteigen der Dämpfe von der Flüssigkeit zur Brandzone eingeschränkt oder verhindert werden.

AFFF-Schaummittel sind zwar grundsätzlich als Schwerschaummittel zu bezeichnen, jedoch sind einige Typen auch zur Herstellung von Mittelschaum geeignet, wobei die Verschäumungszahl allerdings etwa 50 % unter der von Mehrbereichsschaummitteln erreichten liegt.

Fluor-Protein-Schaummittel (FP)
Die Fluor-Protein-Schaummittel sind die wesentlichste Entwicklung auf dem Schaummittelsektor in den letzten Jahren. Ihre Basisstoffe sind die gleichen wie bei den Protein-Schaummitteln. Durch Zusatz eines wasserlöslichen Fluortensids konnten folgende Eigenschaften erzielt werden:

1. Der Schaum erhält eine abweisende Wirkung gegenüber Kohlenwasserstoffen und wird deshalb beim Aufbringen wenig mit Brandgut angereichert. Hieraus resultiert eine größere Ausbreitungsgeschwindigkeit, wo-

durch sich z. T. erheblich kürzere Löschzeiten als bei den Protein-Schäumen ergeben.
2. FPS kann direkt aufgebracht werden. Besondere Vorrichtungen zur weicheren Schaumaufgabe (Gießkrümmer, Leitbleche usw.) sind nicht notwendig.
3. FPS eignet sich hervorragend für das Verfahren »base injection« bzw. »subsurface injection« (Schaumzuführung von unten z. B. vom Tankboden aus, durch die zu löschende Flüssigkeit hindurch).
4. FPS besitzt sehr gute Fließeigenschaften (Umfließen von Hindernissen). Die Schaumdecke ist sehr elastisch und dadurch ziemlich unempfindlich gegenüber Luftbewegungen.
5. VZ und WHZ sind normalerweise niedriger als bei den Proteinschaummitteln.

3.3.2 Mehrbereichsschaummittel

Bei den auch als synthetische Schaummittel (S) bezeichneten Mehrbereichsschaummitteln handelt es sich hauptsächlich um hydrolysierte Fettalkohole (so genannte Tenside oder auch Detergentien), die in ihren Basisstoffen den modernen Waschmitteln sehr eng verwandt sind. Die einzelnen Produkte unterscheiden sich sowohl in der Art und Menge der verwendeten höheren und mehrwertigen Alkohole als auch in der Art der zugesetzten Stabilisierungs- und Konservierungsmittel.

Wesentliches Merkmal dieser Schaummittel ist ihre Verwendbarkeit in allen drei Schaumbereichen. Die Feuerwehr kann sich daher darauf beschränken, nur ein Schaummittel mitzuführen bzw. zu bevorraten, und ist trotzdem in der Lage, je nach Art des Brandes Schwer-, Mittel- oder Leichtschaum zu erzeugen. Im Schwerschaumbereich ist zu berücksichtigen, dass die Verschäumungszahlen um etwa 50 bis 100 % höher liegen als beim Einsatz von Schwerschaummitteln.

3.3.3 Spezialschaummittel

Spezialschaummittel sind Schaummittel, die in erster Linie für besondere Brandrisiken oder für besondere Verhältnisse Verwendung finden. An erster Stelle sind hier die *alkoholbeständigen* Schaummittel (AR) zu nennen. Die Schäume aus normalen Schwer- und Mehrbereichsschaummitteln sind gegen die so genannten polaren Flüssigkeiten, wie Alkohole, Ketone, Ether usw., nur ungenügend beständig. Wenn z. B. konzentrierte Alkohole brennen, muss mit einer sehr schnellen Zerstörung des Schaumes gerechnet werden. Echt alkoholbeständige Schäume lassen sich aus den alkoholbeständigen Schaummitteln (z. B. *Tutogen L, Moussol G, Polydol, Komet Extrakt AF)* herstellen. Für öffentliche Feuerwehren ist die Mitführung dieser Schaummittel auf den Fahrzeugen wie auch die Lagerhaltung kaum möglich. Bei Werkfeuerwehren mit entsprechenden Brandrisiken könnten sie jedoch durchaus in Frage kommen. Ebenso kann im vorbeugenden Brandschutz angezeigt werden, in Betrieben, in denen größere Mengen von Lösungsmitteln gelagert werden, oder in Alkohollagern die Bereithaltung von alkoholbeständigen Schaummitteln zu fordern.

Gegen Brände in *elektrischen Anlagen* gibt es ein Schaummittel *(Expyrol E),* welches die Herstellung eines nichtleitenden Schaumes ermöglicht. Dieses Schaummittel wird allerdings nicht mit normalem Leitungswasser, sondern mit voll entsalzenem (destilliertem) Wasser eingesetzt. Die aus dem Schaum austretende Flüssigkeit ist praktisch elektrisch nicht leitend. Die *Frostbeständigkeit* der Schwer- und Mehrbereichsschaummittel ist unterschiedlich. Während einige eine Frostbeständigkeit bis etwa –15 °C erreichen, lassen sich andere nur bis etwa –7 °C verwenden.

Grundsätzlich ist zu fordern, dass alle gefrorenen Schaummittel nach dem Auftauen wieder voll einsatzfähig sein müssen. Für den praktischen Feuerwehrdienst reicht eine Frostbeständigkeit der Schaummittel bis etwa –10 °C aus, weil die Schaummittel im Allgemeinen weder im Lager noch auf den Fahrzeugen längere Zeit tieferen Temperaturen ausgesetzt sind. Auf die Frostbeständigkeit bis –10 °C sollte von den Feuerwehren allerdings bei Beschaffung von Schaummitteln geachtet werden.

Für besondere Zwecke, z. B. Lagerung der Schaummittel im Freien, ist Spezialschaum mit einer besonders großen Frostbeständigkeit *(Tutogen U 30)* erforderlich.

Zur Landebahnbeschäumung kann zwar jedes Schwerschaummittel eingesetzt werden, jedoch eignen sich auf Grund ihrer hohen Wasserhalbzeit hier besonders für diesen Zweck geschaffene Schaummittel (z. B. Komet Extrakt LB, Tutogen F).

3.4 Wirkung und Anwendung der verschiedenen Schaumarten

3.4.1 Schwerschaum

3.4.1.1 Löschwirkung

Die Löschwirkung des Schwerschaumes beruht auf *Ersticken* und *Abkühlen.* Beide Löschwirkungen können nebeneinander auftreten oder auch einzeln. Je nach Art des Brandstoffes und der jeweiligen Brandlage ist die eine oder andere Wirkung als Hauptlöschwirkung anzusehen.

Beim Abdecken brennender Flüssigkeiten mit Schaum wird eine Trennschicht zwischen Flüssigkeit und Verbrennungszone gelegt, die die weitere Zufuhr von brennbaren Dämpfen verhindert. Gleichzeitig wird durch die Kühlwirkung der Dampfdruck der Flüssigkeit herabgesetzt.

Beim Ablöschen fester Brandstoffe ist die Kühlwirkung praktisch ausschlaggebend. Diese wiederum ist abhängig vom Flüssigkeitsgehalt des Schaumes. Schwerer Schaum ist in diesem Falle daher löschfähiger als leichterer.

3.4.1.2 Schaumgeräte

Die für den Betrieb von Schwerschaumrohren erforderlichen Zusatzgeräte sind:

- der Zumischer,
- der Ansaugschlauch und
- der Schaummittelbehälter (Bild 16).

Für den mobilen Löschbetrieb übliche Zumischer werden mit dem Buchstaben »Z« und einer Ziffer bezeichnet, die den Durchfluss in 100 l/min bei etwa 7 bar angibt. Üblich sind die Zumischer nach DIN 14384:

Z 2 – Durchfluss 200 l/min – C – Festkupplung
Z 4 – Durchfluss 400 l/min – B – Festkupplung
Z 8 – Durchfluss 800 l/min – B – Festkupplung

Zumischer sind entweder auf einen bestimmten Wert fest eingestellt oder mit einer verstellbaren Zumischregelung versehen, die im Allgemeinen eine Zumischung zwischen 1 % und 6 % ermöglicht.

Zumischer mit Zumischregelung tragen den Kennbuchstaben »R«, z. B.: Z 2 R.

Die Zumischer arbeiten nach dem Saugstrahlprinzip (Injektorprinzip) und verursachen einen Druckverlust von etwa 25 bis 30 %.

Bild 16: Kombinationsschaumrohr mit Zubehör (TOTAL Feuerschutz GmbH)

Für den ortsfesten Bereich wird die Schaummittelzuführung meistens durch Wirkdruckzumischer geregelt, die den Vorteil eines geringeren Druckverlustes haben.

Sowohl für den mobilen Löschbetrieb als auch für den ortsfesten Bereich gibt es so genannte Turbozumischer auf dem Markt, welche die beeinträchtigenden Nachteile herkömmlicher Injektorzumischer nicht mehr aufweisen (Bild 17). Hierbei sind besonders der erheblich geringere Druckverlust im Turbozumischer sowie die Funktionsunabhängigkeit vom Druckverlust zwischen dem Schaumrohr und dem Turbozumischer-Ausgang von Bedeutung. Der Turbozumischer arbeitet mit einer vom Löschwasserstrom angetriebenen Turbine. Diese aktiviert über eine gemeinsame Welle eine Zahnradpumpe, die den Löschmittelzusatz aus dem Schaummittelbehälter ansaugt und über eine Dosiervorrichtung in den mit Löschwasser durchströmten Turbinenraum drückt.

Bild 17: Turbozumischer (Max Widenmann KG)

Als Ansaugschlauch dient ein nach DIN 14 819 genormter transparenter Kunststoffschlauch, 1,5 m lang, 19 mm I.W., der mit einer D-Kupplung versehen ist.

Der Schaummittelbehälter ist nach DIN 14452 genormt. Er fasst 20 l und ist mit einem Traggriff und einem Schraubverschluss versehen. Analog zu den Zumischern werden im mobilen Bereich drei Schaumrohrgrößen verwendet, die mit dem Buchstaben S bezeichnet werden, sowie mit einer Ziffer, die den Durchfluss in 100 l/min bei 5 bar angibt (siehe Tabelle 17). Erfreulicherweise geben einige Hersteller auch die maximal erreichbare Verschäumungszahl bei Verwendung von Schwerschaum- bzw. Mehrbereichsschaummittel in ihrer Typenbezeichnung mit an. Die Typenbezeichnung S 2-8/15 heißt dann, dass es sich um ein Luftschaumrohr mit einem Durchfluss von 200 l/min handelt und eine VZ von 8 bei Verwendung von Schwerschaummittel sowie eine VZ von 15 bei Verwendung von Mehrbereichsschaummittel unter günstigsten Bedingungen zu erwarten ist.

Größere Schaumrohre werden im Allgemeinen als kombinierte Schaum-Wasser-Werfer hergestellt, die auf einem tragbaren Unterteil, auf Fahrzeugen oder Anhängern fest installiert oder ortsfest aufgebaut werden. Der Durchfluss beträgt bei diesen Rohren in der Regel 800, 1600 oder 2400 l/min bei

Tabelle 17: Die in DIN 14366 festgelegten Schwerschaumrohre

Typ	Durchfluss [l/min]	Wurfweite (mind.) [m]
S 2	200	12
S 4	400	20
S 8	800	25
SW 10	1000	35
SW 16	1600	40
SW 20	2000	45
SW 24	2400	50
SW 30	3000	55
SW 40	4000	65

5 bar. Zum Teil werden diese Rohre auch mit einem Druck auf 8 bar gefahren (Bilder 18 bis 20, Tabelle 17).

SW ist die Bezeichnung für Schaumwerfer.

3.4.1.3 Einsatzbereich und -grenzen

Das Einsatzgebiet des Schwerschaumes kann grundsätzlich in drei Bereiche eingeteilt werden:

1. Löschen von brennbaren Flüssigkeiten,
2. Löschen von festen glutbildenden Stoffen und
3. Schutz von brandgefährdeten Objekten.

Im Gegensatz zu anderen in der Brandklasse B verwendbaren Löschmitteln hat Schaum den Vorteil, dass nicht nur eine erstickende Löschwirkung, sondern auch gleichzeitig infolge des Wassergehaltes eine nachhaltige Kühlung des Brandobjektes erreicht wird. Besonders geeignet ist Schaum zum Löschen größerer Mengen brennbarer Flüssigkeiten, wobei die relativ große Wurfweite der Schaumrohre es ermöglicht, notfalls auch aus größeren Entfernungen zu löschen. Gegebenenfalls kann der Löschangriff auch als kombinierter Löschpulver-Schaum-Einsatz gefahren werden, wobei der Schaum die Aufgabe hat, nachhaltig zu kühlen und gegen Wärmestrahlung zu isolieren (z. B. Behälterwände) und damit Rückzündungen auszuschließen.

Beim Abdecken brennender Flüssigkeiten ist es wichtig, dass die Schaumdecke schnell und in einem Zuge, also ohne Unterbrechung aufgetragen wird. Darum ist es notwendig, dass der Einsatzleiter vor Beginn des Lösch-

Bild 18: Kombinationsschaumrohr – hier im Schwerschaumbetrieb – mit einer Wurfweite von etwa 17 bis 22 m. (TOTAL Feuerschutz GmbH)

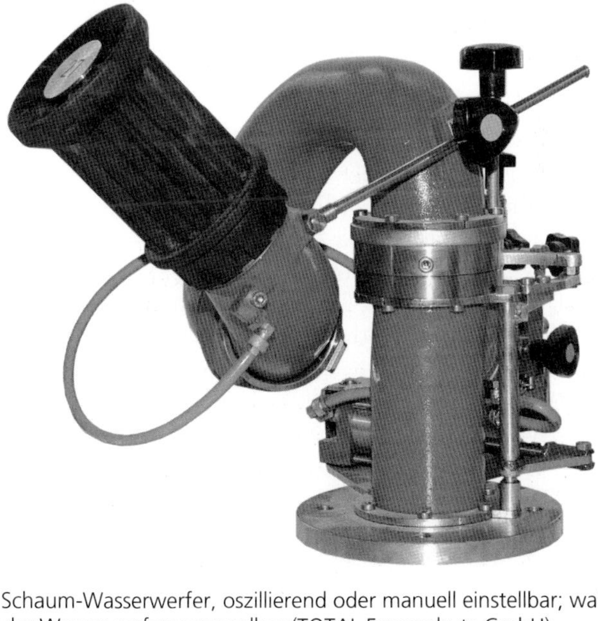

Bild 19: Schaum-Wasserwerfer, oszillierend oder manuell einstellbar; wahlweise als Schaum- oder Wasserwerfer verwendbar (TOTAL Feuerschutz GmbH)

Bild 20: Schaum-Wasserwerfer, fahrbar (Albach GmbH & Co. KG)

angriffes grob überschlägt, ob genügend Schaummittel an der Einsatzstelle zur Verfügung stehen und ob der rechtzeitige Nachschub sichergestellt ist. Bei dieser Überschlagsrechnung geht man davon aus, dass eine 50 cm dicke Schaumdecke aufzutragen ist. Da für einen m^3 Schwerschaum rund 5 l Schaummittel benötigt werden, braucht man für 1 m^2 Fläche etwa 2,5 l Schaummittel. Die abgeschätzte Fläche mit 2,5 multipliziert ergibt also den notwendigen Schaummittelbedarf. Bei sehr großen oder schon lang anhaltenden Bränden ist die so ermittelte Menge zu verdoppeln oder sogar zu verdrei- oder vervierfachen. Es ist allerdings zu bemerken, dass die oben angenommene Schaumschichtdicke von 50 cm keineswegs ein Faustwert ist, der bei allen Bränden zutrifft. Diese Schaumschichtdicke dient nur zur überschlägigen Ermittlung des erforderlichen Schaummittelbedarfs. Bei manchen Bränden genügt schon eine Schaumschichtdicke von 20 cm, während bei anderen Bränden Schaumschichtdicken von 1 bis 2 m erforderlich sind.

Der Einsatz von Schwerschaum bei Stoffen der Brandklasse A ist besonders zu empfehlen, wenn bestimmte Umstände den Einsatz von Wasser in größeren Mengen nicht zulassen. Dies ist z. B. der Fall bei Schiffsbränden, um eine Überlastung des Schiffes bzw. das Kentern zu verhindern. Auch bei Koksbränden in geschlossenen Räumen ist zwecks Vermeidung zu großer Wasserdampf- bzw. Wassergasbildung der Einsatz von Schwerschaum angebracht. Gleichzeitig wirkt der Schaum bei großen Glutmassen isolierend gegen die Strahlungswärme. Auch wenn eine langsame Kühlung des Brandgutes erforderlich ist, wird zweckmäßig Schaum eingesetzt.

Der Schutz gegen Sekundärbrände ist ein wesentlicher Einsatzbereich des Schaumes. So werden Mineralöltanks, Tankfahrzeuge, Schiffe, Lagerräume und ausgelaufene brennbare Flüssigkeiten eingeschäumt, um das Übergreifen von Bränden oder die Entzündung durch Flugfeuer usw. zu verhindern. Der Einsatz von Schwerschaum zur Landebahnbeschäumung auf Flugplätzen ist in den letzten Jahren mehr und mehr in die Kritik geraten. Die meisten Flugplätze verzichten inzwischen auf Landebahnbeschäumungen. Der Schaumteppich auf der Landebahn soll bei einer Notlandung die Gleitfähigkeit auf der Piste verbessern und die Funkenbildung beim Rutschen des Flugzeugrumpfes verhindern. Gleichzeitig soll die Zündung ausgelaufe-

Bild 21: Flugplatz-Löschfahrzeug FLF 60 führt 10 000 l Wasser und 1 000 l Schaummittel mit. Im Anhänger sind weitere 40 000 l Wasser und 5 000 l Schaummittel enthalten. Das Fahrzeug ist auch zur Verlegung eines Schaumteppichs geeignet. (Flughafen Köln/Bonn)

nen Kraftstoffes verhindert werden (Bild 21). Wie erwähnt, die Wirksamkeit ist umstritten!

Nicht einzusetzen ist Schwerschaum bei Brandstoffen, bei denen Wasser gefährliche chemische Reaktionen hervorruft. Bei Leichtmetallbränden, Vorkommen wie Karbid, Branntkalk usw. muss Schwerschaum also ebenso wie Wasser ausgeschlossen werden. Wegen der relativ guten Leitfähigkeit der Schaumlösungen ist der Einsatz in elektrischen Anlagen ebenfalls auszuschließen (Ausnahme: Spezialschaum).

Weiterhin ist zu berücksichtigen, dass empfindliche Lagergüter durch die aus dem Schaum austretende Flüssigkeit geschädigt oder erheblich verunreinigt werden können.

3.4.2 Mittelschaum

3.4.2.1 Löschwirkung

Die Löschwirkung des Mittelschaumes entspricht im Wesentlichen der des Schwerschaumes. Es ist jedoch verständlich, dass die Kühlwirkung infolge des geringeren Wassergehaltes hinter der des Schwerschaumes erheblich zurücksteht.

Da jedoch die Zerfallsrate beim Auftreffen des Mittelschaumes auf den Brandherd größer ist als beim Schwerschaum, wird schneller Wasser aus dem Schaum frei, sodass doch noch mit einer gewissen Kühlwirkung gerechnet werden kann.

3.4.2.2 Schaumgeräte

Die für Mittelschaumrohre erforderlichen Zusatzgeräte (Zumischer, Ansaugschlauch und Schaummittelbehälter) sind die gleichen wie bei Schwer-

Tabelle 18: Mittelschaumrohre nach DIN 14366

Typ	Durchfluss [l/min]	Wurfweite [m]	Verschäumungszahl
M 2	200	6	> 40
M 2 W	200	12	> 20
M 4	400	7	> 40
M 4 W	400	20	> 20
M 8	800	10	> 40
M 8 W	800	25	> 20

schaumgeräten. Die meisten Hersteller haben die Bezeichnung ihrer Mittelschaumrohre der der Schwerschaumrohre angepasst. Man verwendet z. B. den Buchstaben M und gibt den Durchfluss in 100 l/min sowie die max. erreichbare Verschäumungszahl mit an (Tabelle 18). Die Bezeichnung M 2-75 bedeutet also, dass es sich um ein Mittelschaumrohr mit einem Durchfluss von 200 l/min bei 5 bar und einer max. Verschäumungszahl von 75 handelt.

Die Wurfweiten der Rohre weichen sehr stark voneinander ab. Bei bestimmten Rohrkonstruktionen sind auch Wurfweiten über die in Tabelle 18 genannten Werte hinaus möglich (Bild 22).

3.4.2.3 Einsatzbereich und -grenzen

Das Einsatzgebiet des Mittelschaumes entspricht im Wesentlichen dem des Schwerschaumes (Bilder 23a und 23b). Da die Verschäumungszahl 10 bis 20 mal größer ist als beim Schwerschaum, eignet sich der Mittelschaum hervorragend zum Einschäumen von brandgefährdeten Objekten sowie zum Fluten von Räumen. Die relativ geringe Dichte des Mittelschaumes ermöglicht es, dicke Schaumschichten »aufzubauen« und damit auch sperrige Güter, wie Fässer, Tankwagen usw. zu belegen.

Bild 22: Umschaltbares Schaumrohr, wahlweise Mittel- oder Schwerschaum (TOTAL Feuerschutz GmbH)

Bilder 23a und 23b: Kombinationsschaumrohr im Mittelschaumbetrieb zum Ablöschen eines Fahrzeugbrandes. (TOTAL Feuerschutz GmbH)

Mittelschaum mit VZ bis 75 ist normalerweise auch im Freien einsetzbar, während bei Schäumen mit VZ um 150 bei Windstärken über 6 bis 7 (Beaufort-Skala) damit gerechnet werden muss, dass der Schaum fortgeweht wird. Es ist festzustellen, dass sich Mittelschaumrohre bei den Feuerwehren in den letzten Jahren in großem Umfange durchgesetzt haben. Für eine optimale Ausrüstung eines Löschfahrzeuges ist es notwendig, Schwerschaum- und Mittelschaumrohre mitzuführen, damit im Bedarfsfalle je nach Art des Brandobjektes wahlweise Schwer- oder Mittelschaum eingesetzt werden kann. Die Einsatzgrenzen des Mittelschaumes entsprechen denen des Schwerschaumes. Allerdings ergibt sich beim Mittelschaum der Vorteil, dass infolge eines geringeren Wassergehaltes die Löschmittelschäden weitaus weniger ins Gewicht fallen.

3.4.3 Leichtschaum

3.4.3.1 Löschwirkung

Die Löschwirkung des Leichtschaums beruht auf Ersticken. Ähnlich wie beim Schwer- und Mittelschaum wird durch die Schaumdecke ein »Trennen« des Luftsauerstoffs vom Brandstoff (vgl. Kapitel 1.4.1.3) erreicht. Diese Löschwirkung wird beim Leichtschaum durch einen besonderen Vorgang noch verstärkt und beschleunigt: Beim Auftragen des Leichtschaumes auf das Brandgut wird ein großer Teil des Schaumes zerstört. Die Zerstörungsrate liegt im Allgemeinen bei 60 bis 80 %. Diese hohe Zerstörungsrate ist jedoch keineswegs nachteilig, im Gegenteil: Bei der Zerstörung des Schaumes wird nämlich aus jedem Schaumbläschen eine zwar winzige Wassermenge frei, die aber bei der hohen Temperatur des Brandes rasch verdampft und das 1700fache Volumen an Wasserdampf bildet. Der entstehende Wasserdampf mischt sich mit der aus den Schaumbläschen gleichzeitig freigesetzten Luft und verdünnt diese um mehr als 60 %. Da der in der Luft enthaltene Sauerstoff im gleichen Maße verdünnt wird, ergibt sich eine kräftige erstickende Wirkung. Die hieraus resultierende erstickende Löschwirkung kommt besonders bei Bränden sperriger fester Brandstoffe mit Luftzwischenräumen zur Geltung. Während Wasserdampf als Löschmittel normalerweise wenig wirksam ist, weil er, wie schon früher ausgeführt wurde (siehe Kapitel 2.4), wegen seiner Leichtigkeit rasch aus der Brandzone entweicht, wird der beim Zerfall des Leichtschaumes gebildete Wasserdampf unter der Schaumdecke gestaut und infolge seiner Expansion sogar noch nach unten in Luftzwischenräume des Brandgutes gedrückt.

Eine nennenswerte abkühlende Löschwirkung ist beim Leichtschaum wegen des äußerst geringen Wassergehaltes naturgemäß nicht zu erwarten. Aus diesem Grunde kann beim Einsatz von Leichtschaum gegen Brände fester Stoffe auch nur dann mit einem nachhaltigen Löscherfolg gerechnet werden, wenn sich noch keine stärkere Glutschichten und tiefer sitzende Brandnester gebildet haben.

3.4.3.2 Schaumgeräte

Die Erzeugung von Leichtschaum mit seinen extrem hohen Verschäumungszahlen lässt sich nicht mehr nach dem bei den Schwer- und Mittelschaumrohren angewandten Injektorprinzip durchführen, vielmehr ist dazu ein spezielles Aggregat, der so genannte »Leichtschaum-Generator« erforderlich, dessen Wirkungsweise kurz beschrieben sei.

Über einen handelsüblichen Zumischer, der im Allgemeinen mit dem Gerät verbunden ist, wird ein Wasser/Schaummittel-Gemisch hergestellt und dann einem Düsensystem zugeführt. Die Düsen sprühen das Gemisch auf ein grobmaschiges Siebgewebe, das zwecks Vergrößerung seiner Fläche auch im Zick-Zack verspannt sein kann. Die auf das Gewebe auftreffenden Flüssigkeitströpfchen bilden aufgrund ihrer geringen Oberflächenspannung zwischen den Gewebsmaschen feine Häutchen, die aber sogleich durch einen kräftigen, gegen das Gewebe gerichteten Luftstrom in Form von Schaumbläschen abgelöst werden.

Der Vorgang entspricht genau dem Prinzip des bekannten, aus einem kleinen gestielten Ring bestehenden Kinderspielzeuges, mit dem sich nach Benetzen mit Seifenlösung durch Gegenpusten Seifenblasen erzeugen lassen. Beim Leichtschaumgenerator wird der Luftstrom durch einen motorisch angetriebenen Ventilator erzeugt. Der Luftstrom drückt den Schaum über großdimensionierte Schläuche, so genannte Lutten, von 700–2500 mm Durchmesser zur Verbrauchsstelle.

Das Angebot an Leichtschaumgeneratoren verschiedenster Art und Größe ist im Augenblick so umfangreich, dass an dieser Stelle nur ein allgemeiner Überblick gegeben werden kann.

Die angegebenen Verschäumungszahlen liegen bei 1000, seltener bei 500 oder 333. Verschiedene Generatoren sind auch (mittels Zusatzgeräten) von VZ 1000 auf 500 bzw. 333 umstellbar.

Die Durchflussmengen gehen von 50 über 100, 180, 200, 400, 450 bis 600 l/pro min und sind bei einzelnen Geräten auch variierbar. Als Antriebsaggregate für das Gebläse (Ventilator) werden Elektromotoren, Otto-Motoren, Dieselmotoren und in seltenen Fällen auch Wassermotoren verwendet. Leichtschaumgeneratoren werden als tragbare, als Karren fahrbare, auf Anhängern montierte oder ortsfest installierte Geräte geliefert. Einheitliche Typenbezeichnungen gibt es nicht. Es wird vorgeschlagen, folgende Bauartbezeichnung einzuführen:

LG (Leichtschaumgenerator)
2 (Durchfluss in 100 l/min)
500 (Verschäumungszahl)

und einen weiteren Kennbuchstaben für die Antriebsart, z. B. E = Elektromotor, E (Ex) = exgeschützter Elektromotor, V = Verbrennungsmotor.

LG – V – 2–500/1000

würde dann bedeuten, dass es sich um einen mit einem Verbrennungsmotor betriebenen Leichtschaumgenerator handelt, der einen Durchfluss von 200 l/pro min (bei etwa 3 bar) hat und wahlweise 1000– oder 500fache Verschäumung zulässt.

3.4.3.3 Einsatzbereich und -grenzen

Leichtschaum eignet sich besonders zum Einschäumen (Fluten) von großen Räumen, Hallen, Schiffsräumen usw. (Bilder 24 und 25). Der wesentliche Vorteil liegt darin, dass mehrere 1000 m^3 Schaum in kürzester Zeit mit den entsprechenden Geräten erzeugt werden können, wobei der Wasser- und der Schaummittelbedarf verhältnismäßig gering sind. Beim Fluten von Räumen ist darauf zu achten, dass an den gegenüberliegenden Seiten Öffnungen zum Entweichen der Luft geschaffen werden. Leichtschaum ist gegen Brände der Klasse A und B geeignet. Insbesondere bei Bränden von Kohlenstaub,

Bild 24: Probebeschäumung eines Hangars. Das Bild zeigt vier der insgesamt 16 gleichzeitig tätigen Leichtschaumgeneratoren. (TOTAL Feuerschutz GmbH)

Bild 25: Nach der Beschäumung. Innerhalb von vier Minuten ist eine 7 m hohe Schaumschicht erzeugt worden. (TOTAL Feuerschutz GmbH)

Bränden von Lade- oder Maschinenräumen von Schiffen sowie Werkhallen wurden bisher gute Erfolge erzielt. Wesentlicher Vorteil ist hierbei auch, dass der Löschmittelschaden sehr gering gehalten werden kann. Notfalls kann der nicht im Brandgeschehen zerstörte Schaum aus den Räumen wieder abgesaugt werden. Leichtschaumgeneratoren können zum Teil auch als Rauchabsauggeräte (Be-und Entlüftungsgeräte) verwendet werden, wenn die zum Ansaugen erforderlichen starren Schläuche vorhanden sind. Offensichtlich haben sich die meisten Feuerwehren erst durch die Einführung der Leichtschaumgeneratoren wieder auf die im In- und Ausland seit mehreren Jahrzehnten verwendeten Rauchabsauggeräte besonnen. Derartige Geräte können bei Kellerbränden, sowie bei den sich häufenden Kunststoffbränden (starke Rauch- und Flockenbildung) eine wertvolle Hilfe sein.

Dem bei bestimmten Brandobjekten unbestreitbaren Einsatzwert des Leichtschaumes stehen jedoch einige schwerwiegende Nachteile gegenüber. An erster Stelle stehen hier der sehr große apparative Aufwand, der zur Herstellung von Leichtschaum erforderlich ist, sowie die Unmöglichkeit, ein ausreichend großes Gerät auf normalen Löschgruppenfahrzeugen mitzuführen. Diese beiden Gründe haben wohl in erster Linie dazu geführt, dass der Leichtschaum sich bei weitem nicht so gut durchsetzt wie der Mittelschaum. Sicher spielt auch der Kostenfaktor eine Rolle, denn ein Leichtschaumgenerator kostet etwa 15- bis 20 mal mehr als ein Mittelschaumrohr.

Andererseits ist mit mehreren Mittelschaumrohren, die ja auf jedem Löschfahrzeug mitgeführt werden können, löschtechnisch der gleiche Effekt zu erzielen. Ein weiterer Nachteil des Leichtschaumes ist darin zu sehen, dass dieser Schaum (insbesondere bei VZ 1000) nur in Räumen verwendbar ist. Darüber hinaus wird die Förderung des Schaumes problematisch, wenn Höhen von mehr als 10 m zu überwinden sind. Im ortsfesten Bereich hat sich der Leichtschaum durchweg bewährt. Auch bei den Werkfeuerwehren, bei denen im Einsatz längere Anfahrtswege fortfallen und die sich oft auch schon von vornherein auf ganz spezielle Brandobjekte einstellen können, sind fast ausnahmslos positive Erfahrungen mit Leichtschaum gemacht worden.

3.5 Schaumeinsatz im Winterbetrieb

Wie bereits erwähnt, ist die Verschäumungszahl sowohl von der Luft- als auch der Wassertemperatur abhängig. Bei Lufttemperaturen unter 0 °C sind grundsätzlich niedrigere Verschäumungszahlen zu erwarten. Jedoch kann die niedrige Lufttemperatur durch entsprechend höhere Wassertemperatur ausgeglichen werden. Je höher die Wassertemperatur ist, je niedriger darf die Lufttemperatur sein. Für den praktischen Einsatz kann man davon ausgehen, dass bei Lufttemperaturen bis etwa –10 °C und einer Wassertemperatur um 1 °C der Schaumangriff mit Schwer- und Mittelschaum noch möglich ist. Voraussetzung ist hierbei natürlich, dass das Schaummittel nicht zu niedriger Temperatur ausgesetzt ist. Die Viskosität (Zähigkeit) der Schaummittel nimmt mit sinkender Temperatur zu. Es empfiehlt sich daher im Winterbetrieb eine höhere Zumischung, wenn nicht der Einsatz von frostbeständigen Schaummitteln möglich ist.

Der Einsatz von Leichtschaum wird bei niedrigen Temperaturen problematisch, wenn nicht entsprechend erwärmtes Wasser eingesetzt werden kann. Tabelle 19 gibt einen Überblick über die notwendigen Wassertemperaturen bei entsprechender Lufttemperatur. (Die Werte sind abgerundet und gelten für die wichtigsten auf dem Markt befindlichen Generatoren – gewisse Konstruktionsunterschiede bedingen Schwankungen.) Werden die angegebenen Luft- bzw. Wassertemperaturen unterschritten, vereist das Sieb des Leichtschaumgenerators, und der Schaumbetrieb fällt aus.

Tabelle 19: Luft- und Wassertemperaturen beim Einsatz von Leichtschaum

VZ 1000

Lufttemperatur °C	Wassertemperatur °C
–2	1
–4	2
–6	3
–8	3,5
–10	4,5
–12	5
–14	6
–16	7
–18	8
–20	9

(Faustregel: Die Mindesttemperatur der Luft darf doppelt so groß sein wie die Plustemperatur des Wassers.)

VZ 500

Lufttemperatur °C	Wassertemperatur °C mindestens
-2	0,5
-4	1
-6	1,5
-8	2
-10	2,5
-12	3
-14	3
-16	3,5
-18	4
-20	4,5

(Faustregel: Die Minustemperatur der Luft darf viermal so groß sein wie die Plustemperatur des Wassers.)

3.6 Störungen bei der Schaumerzeugung und deren Beseitigung

Bei Übungen wie auch bei Ernstfalleinsätzen kann es vorkommen, dass – obwohl *scheinbar* alles in Ordnung ist – die Schaumerzeugung nicht funktioniert. Um derartige Pannen auszuschließen, sollen im Folgenden die möglichen Störfaktoren und deren Beseitigung angeführt werden. Die möglichen Störungen können durch

- das Wasser,
- das Schaummittel,
- die Luft,
- die Schaum- oder Zusatzgeräte oder
- Bedienungsfehler

bedingt sein.

Aus der Sammelwasserversorgung entnommenes Wasser ist in jedem Falle zur Schaumerzeugung brauchbar. Auch Wasser aus Flüssen, Kanälen, Teichen usw. ist brauchbar, wenn es nicht eine extrem starke Verschmutzung aufweist. Wenn das Wasser allerdings in stärkerem Maße durch Chemikalien verunreinigt ist, insbesondere auch, wenn Salze mitgeführt werden (z. B. Meerwasser), kann die Schaumerzeugung beeinträchtigt werden.

Schaummittel sind durchweg noch brauchbar, wenn sich nicht Verklumpungen oder Ablagerungen am Boden der Behälter feststellen lassen. Wenn die Emulsion des Schaummittels noch besteht, kann zwar bei zu lange gelagerten Schaummitteln eine Beeinträchtigung der Qualität vorliegen; dass jedoch die Schaumerzeugung überhaupt nicht mehr möglich ist, kommt nur selten vor. Protein-Schaummittel, die unbrauchbar geworden sind, zeigen also sofort erkennbare äußerliche Mängel (Verklumpungen, Sedimentablagerungen, Schimmelbildung, Wasserabscheidung).

Stark rauch-, flocken- oder staubhaltige Luft kann die Verschäumung beeinträchtigen bzw. unmöglich machen. Insbesondere Luft, die Säuredämpfe enthält (z. B. bei Kunststoffbränden), macht die Schaumerzeugung unmöglich. Wenn man davon ausgehen kann, dass die drei zur Herstellung von Schaum notwendigen Komponenten Wasser, Schaummittel und Luft in Ordnung sind, bleiben als weitere Störfaktoren die Geräte. Zunächst ist hier die Wasserzuleitung zu betrachten. Für den Zumischer Z 2 ist eine C-Leitung (C 42) erforderlich. Der Druckschlauch S von der Schnellangriffseinrichtung eines TLF reicht im Allgemeinen nicht aus. Für den Z 4 reicht auch der C-42-Schlauch nicht aus, weil der Druckhöhenverlust bei einem Durchfluss von 400 l/min zu hoch ist. Aus diesem Grunde wird der Z 4 nach neuer

Norm mit einer B-Kupplung versehen. Es ist weiterhin zu berücksichtigen, dass der Zumischer einen Druckhöhenverlust von etwa 25–30 % bewirkt (DIN 14 384 lässt sogar 38 % zu). Wenn an der Pumpe ein Druck von 8 bar gefahren wird, auf einer angenommenen Gesamtschlauchlänge (B- und C-Schläuche und Verteiler) ein Druckhöhenverlust von 1,5 bar auftritt und zusätzlich durch den Zumischer noch etwa 2 bar verloren gehen, würde am Schwerschaumrohr nur noch ein Druck von 4,5 bar auftreten. Das kann bereits zu wenig sein. Wenn man weiterhin bedenkt, dass die Manometer an den Feuerlöschkreiselpumpen meistens 10 % mehr Druck anzeigen, als tatsächlich gefahren wird, kann man sich vorstellen, dass ein Pumpendruck von 8 bar (Anzeigendruck) nicht ausreicht.

Wenn bei Angriffen mit Schwerschaum Störungen auftreten, ist also die erste (auch im Einsatz schnell durchführbare) Maßnahme, den Druck bis etwa 10 bar zu erhöhen. Über 10 bar sollte man allerdings nicht gehen, denn zu hoher Druck beeinträchtigt die Verschäumungszahl oder macht sogar die Verschäumung unmöglich.

Störungen am Zumischer sind am häufigsten anzutreffen. Der Zumischer muss nach jedem Einsatz gründlich gereinigt werden. Geschieht das nicht, können Reste von Schaummitteln, z. B. am Rückschlagventil, verhärten und Verstopfungen hervorrufen. Am Schauglas des Zumischers bzw. in dem transparenten Schlauch ist zu erkennen, ob Schaummittel angesaugt wird. Geringfügige Verstopfungen und damit Querschnittsverengungen lassen manchmal zwar einen Schaummittelfluss zu, der aber nicht ausreichend ist. Die Tatsache, dass Schaummittel fließt, ist also allein noch keine Gewähr dafür, dass die Zumischung ausreichend ist.

Der Zumischer ist ein verhältnismäßig robustes Gerät; vereinzelt kommt es jedoch vor, dass die Einstellskala oder das Einstellrad sich verschoben haben, sodass der eingestellte Wert nicht mehr der tatsächlichen Zumischung entspricht. Die Neueinstellung des Zumischers sollte man grundsätzlich dem Hersteller überlassen.

Schaumrohre sind vollkommen unkomplizierte Geräte, bei denen Störungen nur vorkommen, wenn es an der erforderlichen Wartung (insbesondere Reinigung nach dem Einsatz) mangelt. Verunreinigungen der Düsen bzw. Wirbeleinrichtungen können zu erheblichen Störungen führen. Über den Einfluss von Bedienungsfehlern gibt es eine kleine Anekdote, die zwar heute sicherlich nicht mehr vorkommen kann, trotzdem aber erwähnt werden soll:

Kurz nach dem letzten Kriege hatte sich eine Feuerwehr von aufgelösten LSHD-Einheiten Schaumgeräte »organisiert«. Bei einer Übung sollten diese »modernen Geräte« nun der staunenden Öffentlichkeit vorgeführt werden. Trotz aller Bemühungen kam aus dem Rohr aber nur blankes Wasser. Dabei hatte es am Vortag doch so wunderbar geklappt. Nichts konnte das verflixte

Rohr dazu bringen, Schaum abzugeben. Schon sollte die Übung abgebrochen werden, als ein kleiner Junge, der sich wie viele Jungen sehr für Feuerwehrgeräte interessierte, einen Feuerwehrmann fragte, warum auf dem »roten Rohr« (Zumischer) ein weißer Pfeil sei! Kurz und gut, eine Minute später kam prächtiger Schaum aus dem Rohr! Übrigens, der »kleine Junge« war später Hauptbrandmeister bei einer Freiwilligen Feuerwehr.

Ein möglicher Bedienungsfehler liegt in der Einstellung des Zumischers. Mindestens 3 %ige Zumischung ist bei Verwendung von Schwerschaummitteln erforderlich (Mehrbereichsschaummittel mindestens 2 %, besser noch 3 %). Funktioniert die Schaumerzeugung bei diesen Mindestzumischungen nicht, muss die Zumischung erhöht werden. Die oft gehörte Forderung, dass zwischen Zumischer und Rohr mindestens 2 C-Schlauchlängen sein sollen, ist als taktischer Hinweis zwar richtig (Zumischer soll an einem sicheren Platz vor dem Objekt aufgestellt werden), hat jedoch für die Schaumerzeugung praktisch keine Bedeutung. Die Durchmischung ist in diesem Fall zwar etwas besser, jedoch gibt es auch brauchbaren Schaum, wenn Zumischer und Rohr direkt hintereinander geschaltet sind. Wichtig dagegen ist, dass der Druckhöhenverlust zwischen Zumischer und Rohr höchstens 2,2 bar betragen darf.

Zusammenfassend kann festgestellt werden, dass die Schaumerzeugung relativ unkompliziert und sicher ist, wenn eine gründliche Wartung (insbesondere Reinigung) der Geräte durchgeführt wird. Da verschiedene Feuerwehren oft jahrelang keinen Schaum im Ernstfalleinsatz verwenden, ist es aber auch erforderlich, dass von Zeit zu Zeit »nasse« Übungen durchgeführt werden. Hierbei sollten in erster Linie die auf den Löschfahrzeugen mitgeführten Schaummittel verbraucht werden, weil diese oft sehr großen Temperaturschwankungen ausgesetzt sind. Wenn ein Fahrzeug stundenlang in der Sonne steht, werden die Schaummittel u. U. auf 50 bis 60 °C erwärmt. Das entspricht durchaus nicht den geforderten Lagerbedingungen.

Anlässlich derartiger Übungen müsste auch eine grobe Überprüfung der Schaumgeräte und -mittel erfolgen. Wurfweite und Verschäumungszahl können von jeder Feuerwehr mit einfachen Mitteln und ausreichender Genauigkeit ermittelt werden.

Hinsichtlich des Umweltschutzes (siehe auch 3.7) ist Folgendes zu beachten: Schaummittel setzen die Oberflächenspannung des Wassers herab und können deshalb und auch in anderer Weise schädigend auf Lebewesen in Gewässern einwirken. Bei der Beschäumung von Gewässern muss daher jede nicht unbedingt notwendige Belastung der Umwelt vermieden werden. In Gewässerschutzgebieten dürfen Schaumangriffe zu Übungszwecken nicht durchgeführt werden. Nach Löschübungen soll der liegengebliebene Schaum am Übungsplatz eintrocknen. Wenn möglich, sollte dies auch an Einsatzstellen geschehen.

3.7 Umweltschutz

Empfehlungen zum Üben und Erproben von Schaummitteln
Der nachstehend aufgeführte Beitrag wurde vom Fachausschuss GMAG und Experten aus dem Normenfachausschuss DIN-FNFW 191.1/3 erarbeitet und vom Beirat »Lagerung und Transport wassergefährdender Stoffe« beim Bundesministerium für Umwelt, Naturschutz und Reaktorsicherheit gebilligt.

Übungen oder Erprobungen unter Verwendung des Feuerlöschmittels »Schaum« gemäß E-DIN 14272 Teil 1–3, DIN EN 1568 Teil 1–4 und ISO 7203 Teil 1–3 sind hinsichtlich einer umfassenden Ausbildung von Anwendern für die Entwicklung und Erprobung neu- und weiterentwickelter Schaumlöschanlagen und -geräte unverzichtbar.

Schaummittel enthalten wassergefährdende Stoffe, deshalb sind die Vorschriften und Verordnungen über Anlagen zum Umgang mit wassergefährdenden Stoffen (VawS) einzuhalten. Dies gilt auch für das zur Erzeugung von Löschschaum eingesetzte Schaummittel-Wassergemisch (Schaummittellösung), das i.d.R. mit einem Gehalt von 1 Vol.-% bis 6 Vol.-% eine deutlich geringere Schaummittelkonzentration aufweist. Bei der Anwendung des Löschmittels »Schaum« im vorgenannten Sinne ist von folgenden Grundsätzen auszugehen:

1. Bei Übungen und Erprobungen in ortsfesten Einrichtungen oder auf Übungseinrichtungen gelten auch hier für die in den §§ 1a Abs. 2, 17a und 19 g ff. Wasserhaushaltsgesetz (WHG) aufgeführten Regelungen.
   Übungen und Erprobungen sind den zuständigen Behörden vor ihrer Durchführung anzuzeigen. Sie dürfen nur so durchgeführt werden, dass eine Beeinträchtigung der Gewässer, des Grundwassers oder des Bodens durch die Anlage oder durch den Stoff selbst nicht zu besorgen ist. Gelangt dennoch Schaum in ein Gewässer oder in den Boden, oder droht dieser dorthin zu gelangen, besteht die Verpflichtung, dies zu verhindern sowie die zuständigen Behörden umgehend zu benachrichtigen.
   Weiterhin ist darauf zu achten, dass Beeinträchtigungen der Umwelt auf ein Mindestmaß beschränkt werden und die beim Betrieb der Anlage entstehenden Abfälle, auch in flüssiger Form (Brandrückstände, Löschmittelrückstände), ordnungsgemäß zu entsorgen.
   Hinweise zum Haftungsrecht: Gelangen dennoch Stoffe in Gewässer oder in den Boden und verursachen dort einen Schaden, so greift Gefährdungshaftung gemäß §§ 22 WHG. Eine Strafverfolgung nach §§ 324, 324a StGB ist dann nicht auszuschließen.

2. Löschübungen oder Erprobungen müssen insbesondere unterbleiben:
   - In Wasserschutz- und Grundwassereinzugsgebieten von Trinkwassergewinnungsanlagen.
   - In Vorbehaltsgebieten für die öffentliche Wasserversorgung.
   - Im Zuflussbereich von und auf Oberflächengewässern.
   - In Karst- und Versickerungsgebieten sowie Gebieten mit flurnahem Grundwasser.
   - In Überschwemmungsgebieten und Feuchtbiotopen.
   - Bei Löschvorführungen ohne Übungs- oder Erprobungscharakter.
3. Übungen und Erprobung müssen auf dichten Flächen durchgeführt werden (VawS). Ist im Einzelfall ein Ablauf vorhanden, so muss dieser an eine geeignete Abwasseraufbereitungsanlage (Kläranlage) angeschlossen sein. Die Zustimmung des Kläranlagenbetreibers zur Einleitung des Schaummittel-Wassergemisches ist einzuholen.
   Hinweis: Bei Vorliegen eines ausreichenden Verdünnungsverhältnisses von Schaumabwasser (Schaummittel-Wassergemisch) zu Kläranlagengesamtzulauf sind Beeinträchtigungen biologischer Kläranlagen nicht zu erwarten. Das Verdünnungsverhältnis ist beim Hersteller zu erfragen und mit dem Kläranlagenbetreiber abzustimmen.
   Sind keine Abläufe zu einer Kläranlage vorhanden, muss das Löschwasser durch andere geeignete Maßnahmen, z. B. Wannen, Planen, aufgefangen und ordnungsgemäß entsorgt werden. Rückstände von schwer abbaubaren Schaumlöschmitteln sind als Sonderabfall zu entsorgen.
4. Für Übungen oder Erprobungen mit Schaummitteln sollte bezüglich der Flüssigkeitsbrandobjekte (Brandklasse – B) Siedegrenzbenzin, N-Heptan oder bei schaumzerstörenden Flüssigkeiten z. B. Aceton, Ethanol oder Isopropylalkohol verwendet werden. Bezüglich der Feststoffbrandobjekte (Brandklasse – A) sollte unbehandeltes, abgelagertes oder trockenes Holz (Fichte, Kiefer o. ä.) eingesetzt werden. Für die Entzündung der Feststoffbrände sollten vorgenannte brennbare Flüssigkeiten verwendet werden. Bezüglich der Auswahl der Prüf- oder Übungsobjekte wird auf die vorgenannten Normen sowie auf die DIN EN 3 Teil 1 hingewiesen.
5. Bei Übungen oder Erprobungen von Schaummitteln, bei denen brennbare Flüssigkeiten als Brandstoff oder zur Entzündung anderer Brandstoffe eingesetzt werden, dürfen derartige Versuche nur unter Einsatz flüssigkeitsdichter Auffang- bzw. Brandwannen durchgeführt werden. Ein Verspritzen des Brandgutes ist zu vermeiden.
6. Die Verantwortung für die Vorbereitung und Durchführung von Übungen oder Erprobungen ist Personen mit entsprechender Qualifikation zu übertragen.

7. Beim Umgang mit den Schaummitteln sind die technischen Informationen (Produktdatenblätter) der Hersteller sowie hinsichtlich des Gesundheitsschutzes die Sicherheitsdatenblätter und Hinweise auf den Schaummittelbehältern zu berücksichtigen. Es ist zu beachten, dass im Schaum keine Atmungsmöglichkeit besteht.
   Die Vorschriften zum Umgang mit wassergefährdenden Stoffen (VawS) sind einzuhalten.

4 Löschpulver

4.1 Allgemeines

Die Geburtsstunde der modernen Löschpulver fällt in das Jahr 1912. Unter der Nr. 277836 erteilte das Kaiserliche Patentamt der Firma Internationale Feuerlöscher Ges.m.b.H. in Berlin, einer Vorläuferin der im gleichen Jahr gegründeten TOTAL-Gesellschaft, ein Patent, dessen Gegenstand ein »Druckgasfeuerlöscher mit einem als Druckmittel dienenden Löschgas« war (Bild 26). In einem Prospekt wird die Wirkung dieses Löschers wie folgt beschrieben:

»Gasförmige Kohlensäure innig vermischt mit doppelkohlensaurem Natron wird durch Kohlensäuredruck als Pulverwolke auf den Brandherd geschleudert, der Sauerstoff von diesem abgeschnitten und hierdurch das Feuer schlagartig erstickt.«

In der Zeit zwischen den beiden Weltkriegen ist dann der typische TOTAL-Kohlensäure-Trocken-Feuerlöscher mit dem abgewinkelten Trichter am unteren Teil (»Total-Trichter«) fast ebenso bekannt geworden wie der »Minimax« (»Minimax-Tüte«).

Eine interessante Reminiszenz an die damalige Zeit möge hier aufgefrischt werden; heißt es doch in einem alten Prospekt wörtlich: »Nachfüllungen für das Trockenlöschpulver erfolgen kostenlos, wenn dasselbe zur Löschung von Bränden verwandt wurde« – Service par excellence –. Die ersten Pulverlöscher hatten 2 bis 4 kg Löschpulverinhalt und brauchten zum Ausstoßen des Pulvers etwa die gleiche Menge CO_2. Es gab jedoch auch schon Großgeräte mit etwa 80 kg Löschpulver. Später setzten sich dann vor allem die Größen mit 6 und 9 kg Löschpulver durch.

Obwohl aus den 20er und 30er Jahren viele Berichte über den erfolgreichen Einsatz von Pulverlöschern in praktisch allen Bereichen (Militär, Marine, Fernmeldewesen, Industrie usw.) vorliegen, erreichten die Pulverlöscher bis etwa 1950 nicht die Bedeutung der Wasser- und Schaumlöscher. Das mag auch wohl am Preis dieser Geräte gelegen haben; denn vor etwa 50 Jahren kostete ein Pulverlöscher mit etwa 40 bis 100 Mark relativ mehr als

Bild 26: Patenturkunde aus der Entwicklung des Pulverlöschverfahrens (TOTAL Feuerschutz GmbH)

heute. Andererseits war aber auch die Beschränkung der Löschwirkung auf die Brandklassen BCE ein ausschlaggebender Faktor.

Der Gedanke, ein Universallöschmittel herzustellen, ist sicherlich schon sehr alt. Wesentliche Erfolge erzielte man in dieser Richtung um 1955, als die ersten so genannten Glutbrandpulver entwickelt wurden, die auch für die Brandklasse A voll geeignet waren. Ende der 50er Jahre verfügten praktisch alle Hersteller über Zulassungen für Speziallöschpulver (»Glutbrandpulver«). Der »Pulver-Boom« nahm ungeahnte Ausmaße an. Schaumlöscher verschwanden restlos vom Markt. Wasserlöscher und Halonlöscher wurden fast bedeutungslos – Wasserlöscher konnten allerdings in den letzten Jahren ein gewisses »comeback« erringen. Wohl noch nie hat ein Löschmittel derart »eingeschlagen« wie das Löschpulver in den Jahren zwischen 1960 und 1970. Man konnte teilweise schon geradezu von einem Enthusiasmus über das neue Löschpulver sprechen, das anscheinend universelle Anwendungsmöglichkelten eröffnete. Inzwischen hat sich aber die realistischere Erkenntnis durchgesetzt, dass das Löschpulver zwar den breitesten Wirkungskreis von allen Löschmitteln besitzt und damit für fast alle normalerweise vorkommenden Arten von Bränden verwendbar ist, dass es aber die zuverlässigen Wirkungen und Vorteile anderer Löschmittel in deren typischen Anwendungsbereichen doch nicht zu ersetzen vermag. Zu dieser nüchternen Beurteilung hat sicherlich auch die beachtliche Weiterentwicklung auf den Gebieten des Wasser- und Schaumeinsatzes wesentlich beigetragen. Nach dem augenblicklichen Stand der Entwicklung kann man drei Arten von Löschpulvern unterscheiden, nämlich: BC-Löschpulver, ABC-Löschpulver und Sonderlöschpulver für Metallbrände.

4.2 Allgemeine Anforderungen an Löschpulver

An Löschpulver sind einige grundsätzliche Anforderungen zu stellen, die in den nachstehenden Abschnitten im einzelnen behandelt werden.

4.2.1 Ungiftigkeit

Wie alle Löschmittel dürfen Löschpulver bei ordnungsgemäßer Anwendung nicht gesundheitsschädlich wirken. BC-Löschpulver, die meistens aus Natriumhydrogencarbonat bestehen, erfüllen diese Anforderungen absolut. Bekanntlich wird Natriumhydrogencarbonat (Natron) auch in verschiedenen

Lebensmitteln (Backpulver usw.) verwendet. Versuche haben die Unbedenklichkeit dieser Löschpulver einwandfrei bestätigt. Praktisch das gleiche gilt für BC-Löschpulver, die aus Kaliumverbindungen (Kaliumhydrogencarbonat – $KHCO_3$ und Kaliumsulfat – K_2SO_4) hergestellt sind.

Auch bei den ABC-Löschpulvern kann man von einer Toxizität nicht sprechen, obwohl die Möglichkeit besteht, dass geringe Mengen Ammoniak bei hoher Temperatur abgespalten werden. Die abgespaltenen Mengen liegen unterhalb der toxischen Schwelle. Allerdings ist eine leichte Reizung der Schleimhäute – besonders beim Einsatz in geschlossenen Räumen – nicht auszuschließen, die jedoch auch vom gewöhnlichen Brandrauch hervorgerufen wird. Die besonders in Räumen beim Löschen mit Löschpulver entstehende Staubbelästigung kann ebenfalls nicht als gesundheitsschädigend im eigentlichen Sinne gelten. Gewisse Gefahren können u. U. beim Einsatz von Metallbrandpulvern auftreten, die im Wesentlichen aus Natriumchlorid – NaCI – und Kaliumchlorid – KCI – bestehen. Natrium und Kalium erfüllen im menschlichen Körper wichtige Funktionen. Sie werden vom Organismus auf festen Konzentrationen gehalten. Werden diese Konzentrationen gestört, kann es zu erheblichen gesundheitlichen Schäden kommen.

Das Einatmen größerer Mengen Metallbrandpulver ist zu vermeiden; insbesondere darf Metallbrandpulver nicht mit großflächigen Wunden in Berührung kommen. Ist massiertes Einatmen oder Einbringen in Wunden erfolgt, muss sofort ein Arzt aufgesucht werden, der dann den Kalium-Natrium-Haushalt im Körper im Allgemeinen verhältnismäßig rasch wieder regulieren kann.

4.2.2 Unschädlichkeit

Unter Unschädlichkeit ist zu verstehen, dass das Löschpulver keine schädigende Wirkung auf die Löschmittelbehälter, aber auch nicht auf das Brandgut ausübt. Das Löschpulver darf nicht korrosionsfördernd wirken oder durch chemische Zersetzung schädigende Wirkung auf andere Stoffe ausüben. Wichtig ist insbesondere, dass die Löschpulver keine Schmirgelwirkung aufweisen, weil sonst Maschinenteile, Lager usw. beschädigt werden. Löschpulver dürfen aus diesem Grunde keine »harten« Stoffe, wie Sand, Quarz, Schlacke usw. enthalten.

4.2.3 Haltbarkeit

Die als Basisstoffe zur Herstellung von Löschpulvern verwendeten Chemikalien, wie Natriumhydrogencarbonat, Ammoniumphosphat, Ammoniumsulfat, Natriumchlorid usw., würden nach kurzer Zeit Wasser aufnehmen und verklumpen, wenn sie nicht entsprechend aufbereitet und präpariert werden. Löschpulver müssen daher hydrophobiert, d. h. wasserabweisend gemacht werden. Als Hydrophobierungsmittel werden Wachse, Metallstearate und insbesondere Silicone verwendet. Ein qualitativ gutes Löschpulver ist derart hydrophobiert, dass es über 8 bis 10 Jahre seine wasserabweisende Wirkung behält. Ganz allgemein kann gesagt werden, dass ein wesentlicher Qualitätsunterschied zwischen den verschiedenen Löschpulvern besonders in der wirksamen Hydrophobierung liegt. Durch die Hydrophobierung wird jedoch nicht nur die Haltbarkeit des Löschpulvers wesentlich beeinflusst, sondern auch die Unschädlichkeit. Chemische Prozesse können sich bei den Löschpulvern vornehmlich abspielen, wenn Feuchtigkeit einwirkt, d. h. wenn die wasserabweisende Wirkung aufgehoben oder stark vermindert ist.

Für die Haltbarkeit des Pulvers sind weiterhin die Rüttelbeständigkeit, das Verhalten bei Druck sowie bei Temperaturschwankungen ausschlaggebend.

4.2.4 Förderfähigkeit

Die Förderung von Stäuben (dazu gehört auch das Löschpulver) unterliegt wesentlich anderen Bedingungen und Gesetzmäßigkeiten als die Förderung von Flüssigkeiten. Stäube lassen sich nicht, wie z. B. Wasser, durch eine Leitung drücken; sie müssen vielmehr im Gasstrom »schwimmen«, um transportiert werden zu können. Der Druck auf eine Pulveroberfläche würde nur den Effekt einer Tablettiermaschine ausüben, also sofort eine Verstopfung bewirken. Im Gasstrom fließen kann das Pulver aber nur, wenn es ausreichend gleit- und rieselfähig ist. Die Gleit- und Rieselfähigkeit eines Löschpulvers ist einerseits von der Kornform und Korngröße abhängig, andererseits kann sie aber auch durch Zusatz von Gleitmitteln verbessert werden. Für den praktischen Gebrauch kann man verhältnismäßig leicht feststellen, ob ein Pulver eine ausreichende Förderfähigkeit besitzt. Zunächst darf das Pulver keine Klumpen enthalten, die nicht bereits aus etwa 20 cm Fallhöhe zerfallen. Außerdem muss sich das Pulver in einem Glas an der Oberfläche so verhalten wie eine Flüssigkeit, d. h. bei Schräghalten des Glases muss die Oberfläche wie ein Flüssigkeitsspiegel waagerecht bleiben. Es dürfen sich keine Berge bilden.

4.2.5 Isolationsfähigkeit

Versuche haben ergeben, dass die Löschpulverwolke praktisch als nichtleitend angesehen werden kann. Das gilt für BC- wie auch für ABC-Löschpulver in Niederspannungs- wie im Hochspannungsbereich. Selbst bei Spannungen bis 380 kV ist in 1 m Abstand kein Stromüberschlag festzustellen. Das bedeutet aber selbstverständlich nicht, dass man sich im Brandfall einer Hochspannungsanlage bis auf 1 m Abstand gefahrlos nähern darf. Aus Sicherheitsgründen ist auf jeden Fall der im VDE-Merkblatt 0132 »Merkblatt für die Bekämpfung von Bränden in elektrischen Anlagen und deren Nähe« für Pulverlöscher angegebene Mindestabstand einzuhalten (vgl. Tabelle 16).

Wenn auch die Löschpulverwolke nicht leitend ist, so können doch erhebliche Gefahren auftreten durch das abgelagerte Löschpulver.

BC-Löschpulver bildet bei Aufnahme von Feuchtigkeit leitfähige Beläge. BC-Löschpulver soll daher in feuchten oder feucht werdenden Hochspannungsanlagen (dazu gehören alle Freianlagen mit Nennspannung über 1000 V, die durch Niederschläge [Regen, Schnee usw.] feucht werden können) nicht eingesetzt werden. Das gleiche gilt auch für die ABC-Löschpulver. Für diese Löschpulver ist darüber hinaus jedoch noch zu beachten, dass sie z. T. bereits bei etwa 70 °C schmelzen und die Schmelze leitfähige Beläge bildet. ABC-Löschpulver sind also in Hochspannungsanlagen grundsätzlich nicht verwendbar.

4.2.6 Löschfähigkeit

Die Löschfähigkeit eines Löschpulvers ist von der Art und Menge der verwendeten Substanzen und ganz wesentlich von der Form und Größe der Pulverkörnchen abhängig. Dabei kommt den physikalischen Eigenschaften (in diesem Falle Größe und Form des Kornes) mindestens die gleiche Bedeutung zu wie der chemischen Zusammensetzung des Pulvers. Die Löschfähigkeit eines Löschpulvers kann durch Laborversuche oder durch Löschversuche an praxisnahen Brandobjekten getestet werden. Laborversuche dienen in erster Linie der Grundlagenforschung, aber auch der Weiterentwicklung von Löschmitteln und Geräten. Eine sichere Aussage über die Bewertung der Löschwirksamkeit verschiedener Substanzen lässt sich damit jedoch nicht treffen, weil bei Kleinversuchen die einem wirklichen Brande entsprechenden thermischen Bedingungen weder auf der Brand- noch auf der Löschmittelseite dargestellt werden können. So ist es nicht verwunderlich, dass »theoretisch gute« Löschsubstanzen (Mittel, die bei Laborversuchen hervorragende Wirkung zeigten), bei Praxisversuchen vollkommen versagten oder nur mittelmäßige Wirkung zeigten. Die Löschfähigkeit der Löschpulver in den verschiedenen Brandklassen wird in Praxisversuchen an genormten Objekten (DIN EN 3) ermittelt.

4.2.7 Umweltverträglichkeit

Löschpulver dürfen keine Stoffe enthalten, die geeignet sind, Boden, Grundwasser und Oberflächengewässer auf Dauer nachteilig zu beeinflussen oder Kläranlagen in ihrer Funktion zu beeinträchtigen. Als Rohstoffe sollen deshalb nur schwermetallarme Salze verwendet werden. Dies bedeutet, dass die Rohstoffe mindestens technische oder Düngemittelqualität aufweisen müssen. Insbesondere sollten Schwermetalle, wie Blei, Cadmium, Kupfer, Quecksilber, Zink, aber auch Arsen, nicht oder nur in absolut notwendiger Quantität im Löschpulver enthalten sein.

4.3 BC-Löschpulver*

4.3.1 Eigenschaften

Die Grundsubstanzen der BC-Löschpulver bestehen aus weißen oder farblosen staubfeinen Kristallen. Sie werden entweder ungefärbt oder eingefärbt als z. B. blaue oder grüne Löschpulver auf den Markt gebracht. Die Färbung dient ausschließlich der Kenntlichmachung des jeweiligen Fabrikates.

4.3.1.1 Chemische Eigenschaften

Das als Basisstoff für BC-Löschpulver auch heute noch am meisten verwendete Natriumhydrogencarbonat (auch Natriumbicarbonat, doppeltkohlensaures Natron, Natrium bicarbonicum oder einfach Natron genannt – chemische Formel $NaHCO_3$ ist ein weißes, geruchloses, wasserlösliches Pulver. Natriumhydrogencarbonat wird nach dem so genannten Solvay-Verfahren hergestellt. Bei diesem vor mehr als 100 Jahren von dem Belgier *Ernest Solvay* erfundenen Verfahren leitet man in eine fast gesättigte Kochsalzlösung zuerst Ammoniak und dann Kohlendioxid ein. Es entsteht hierbei Ammoniumhydrogencarbonat (NH_4HCO_3), das mit Kochsalz Natriumhydrogencarbonat und Salmiak ergibt nach der Gleichung

* Normbezeichnung: DIN EN 6125 – BC

$NH_4HCO_3 + NaCl \rightarrow NaHCO_3 + NH_4Cl$

(Ammoniumhydrogencarbonat + Kochsalz reagiert zu Natriumhydrogencarbonat + Ammoniumchlorid [Salmiak]).

Durch Erhitzen (»Calcinieren«) des Natriumhydrogencarbonats erhält man Soda (Natriumcarbonat) nach der Gleichung

$2\ NaHCO_3 \rightarrow Na_2CO_3 + H_2O + CO_2$

(2 Natriumhydrogencarbonat + Wärme ergibt Soda, Wasser und Kohlendioxid)

Das Natriumhydrogencarbonat ist also praktisch ein Zwischenprodukt bei der Herstellung von Soda im Solvay-Verfahren.

Natriumhydrogencarbonat wird außer als Löschmittel in der Lebensmittelindustrie, als Badezusatz sowie als Neutralisationsmittel gegen Säuren verwendet. Löschfähiger als das Natriumhydrogencarbonat (allerdings auch teurer) sind die seit einigen Jahren als Basis für Normallöschpulver eingesetzten Kaliumverbindungen Kaliumhydrogencarbonat und Kaliumsulfat. Kaliumhydrogen-carbonat (auch Kaliumbicarbonat oder doppeltkohlensaures Kalium genannt – chemische Formel $KHCO_3$) besteht aus farblosen, durchscheinenden Kristallen, die sich in Wasser langsam lösen. Hergestellt wird Kaliumhydrogencarbonat, indem man CO_2 in eine konzentrierte Kaliumkarbonatlösung einleitet. Dabei fällt Kaliumhydrogencarbonat in kristalliner Form aus nach der Gleichung

$K_2CO_3 + H_2O + CO_2 \rightarrow 2\ KHCO_3$

(Kaliumcarbonat + Wasser + Kohlendioxid reagiert zu 2 Kaliumhydrogencarbonat).

Kaliumsulfat (auch schwefelsaures Kalium – chemische Formel: K_2SO_4) ist eine farblose, leicht wasserlösliche kristalline Masse.

Kaliumsulfat wird durch Einwirkung von Kaliumchlorid auf Magnesiumsulfat (Kieserit – im Abraum vorkommendes Mineral) in großem Umfang gewonnen. Es wird hauptsächlich als Düngemittel sowie zur Herstellung von Glas und Alaun verwendet.

Die aufgeführten Basisstoffe werden im Allgemeinen Ausnahmen kommen vor in folgenden Zusammensetzungen als Löschpulver verarbeitet:

95–98 % Natriumhydrogencarbonat	2– 5 % Zusätze
80–92 % Kaliumhydrogencarbonat	8–20 % Zusätze
90–92 % Kaliumsulfat	8–10 % Zusätze
72 % Calciumcarbonal + 18 % Kaliumsulfat	10 % Zusätze

Die Zusätze sind erforderlich zur Hydrophobierung sowie zur Verbesserung der Förder- und Lagerfähigkeit. Hierfür werden z. B. verschiedene Stearate (das sind Salze der Stearinsäure), Wachse und neuerdings hauptsächlich Silicone (Siliciumoxid enthaltende Kunststoffe) verwendet. Bei weniger qualifizierten Löschpulvern können die Zusätze auch einfach Füllstoffe enthalten.

Schaumverträgliche BC-Löschpulver

Da die BC-Löschpulver praktisch keine Kühlwirkung haben, ist es bei großen Mineralölbränden, insbesondere bei Flugzeugbränden, erforderlich, einen kombinierten Löschpulver/Schaum-Angriff zu fahren, wobei das Löschpulver möglichst schnell die Flammen niederschlagen, während der Schaum durch Abdecken und Kühlen eine Rückzündung verhindern soll (Bild 27).

BC-Löschpulver auf der Basis von Natriumhydrogencarbonat zerstört jedoch den Schaum. Die schaumzerstörende Wirkung wird sowohl von Natriumhydrogencarbonat selbst als vor allem auch von den Zusätzen – soweit es sich um Metallstearate oder Wachse handelt – hervorgerufen. Es war also notwendig, für spezielle Brandeinsätze (kombinierter Löschpulver/Schaum-Angriff) Löschpulver zu entwickeln, welche schaumverträglich sind. Schaumverträgliche Löschpulver tragen das Kurzzeichen SV.

Der Begriff »schaumverträglich« ist allerdings relativ zu verstehen. Die meisten SV-Löschpulver sind zwar schaumverträglicher als normale Löschpul-

Bild 27: Kombinierter Löschpulver-Schaum-Angriff (TOTAL Feuerschutz GmbH)

ver, jedoch haben auch sie eine gewisse schaumzerstörende Wirkung. Klare Bestimmungen über den Grad der Schaumverträglichkeit gibt es zur Zeit noch nicht. Andererseits ist die Feststellung der Schaumverträglichkeit aber auch schwierig, weil die Löschpulver sich auf verschiedenen Schäumen auch sehr unterschiedlich verhalten. Beim einen Schaum sind sie sehr gut verträglich, wirken also nicht zerstörend, bei anderen dagegen sind sie kaum besser als normale BC-Löschpulver.

BC-Löschpulver auf der Basis von Kaliumhydrogencarbonat oder Kaliumsulfat, die mit Silicon hydrophobiert sind, sind durchweg schaumverträglich. BC-Löschpulver auf der Basis von Natriumhydrogencarbonat können eine relative Schaumverträglichkeit erreichen, wenn erhebliche Teile des Natriumhydrogencarbonats durch andere Stoffe ersetzt und entsprechende nichtschaumzerstörende Zusätze verwendet werden.

4.3.1.2 Physikalische Eigenschaften

BC-Löschpulver sind Stäube, deren Dichte etwa im Bereich von 2,1–2,6 kg/l liegt (Dichte der Basisstoffe: Natriumhydrogencarbonat 2,2, Kaliumhydrogencarbonat 2,17, Kaliumsulfat 2,67). Wichtiger als die Dichte ist jedoch die Schüttdichte (Schüttgewicht) des Löschpulvers. Während bei der Dichte nur die reine Masse im Verhältnis zum Volumen angegeben wird, wird bei der Schüttdichte die zwischen den Pulverkörnchen befindliche Luft mit berücksichtigt. Die Schüttdichte gibt also an, wie viel kg Löschpulver ein Gefäß bestimmter Größe aufnehmen kann. Die Schüttdichte der BC-Löschpulver liegt bei etwa 0,95–1,0 kg/l.

Die spezifische Oberfläche der Löschpulver ist hauptsächlich von der Korngröße (geringfügig auch von der Kornform) abhängig. Die sehr unterschiedliche spezifische Oberfläche der handelsüblichen Normallöschpulver liegt im Bereich von 1300–3 900 cm^2/g. Demgemäss besitzt 1 kg Löschpulver die beachtliche spezifische Oberfläche von ca. 130–390 m^2.

Die Korngrößen machen ein weites Spektrum aus. Löschpulver enthält nicht einheitliche Korngrößen, sondern ein Gemenge von Körnern verschiedener Größen. Dabei haben die kleinsten Teile eine Größe von 2 µm (0,002 mm), während die groben Teile bei bis zu 200 µm (0,2 mm) liegen.

Die Korngrößenverteilung ist ein wesentliches Merkmal eines Löschpulvers, weil sie sowohl auf die Löschfähigkeit als auch auf die Haltbarkeit sowie auf die Wurfweite Einfluss hat. Die Zusammenhänge zwischen der Art der verwendeten Löschmittelsubstanzen und der Korngröße bzw. -form sowie der davon abhängigen Löschfähigkeit, Förderfähigkeit und sonstigen Eigenschaften sind so diffizil, dass darüber nur ganz allgemeine Aussagen gemacht werden können. Grundsätzlich kann man sagen, dass die Löschfähigkeit eines Löschpulvers größer ist, je feiner das Pulver ist, je größer also die spez. Oberfläche ist. Mit der Feinheit des Pulvers steigt aber auch die Gefahr des Zusammenbackens. Außerdem ist es technisch schwieriger, feinste Körnchen ausreichend zu hydrophobieren. Verständlich ist auch, dass die Wurfweite der feinen Teilchen geringer ist, als die der gröberen.

Abgesehen davon, dass es technisch kaum möglich ist, ein Pulver von vollkommen einheitlicher Korngröße herzustellen, ist es also notwendig, eine Korngrößenverteilung zu finden, die einerseits ein Optimum an Löschfähigkeit, Förderfähigkeit und Wurfweite ermöglicht, andererseits aber auch noch mit einem wirtschaftlich vertretbaren Aufwand herstellbar ist.

Bei den handelsüblichen Löschpulvern ist die Korngrößenverteilung etwa folgende:

50–75 %	< 40 µm
10–20 %	40– 60 µm
10–20 %	60–100 µm
1–10 %	> 100 µm

Die Korngrößenverteilung wird mittels einer Siebanalyse (Luftstrahlsieb, Rüttelsieb) ermittelt.

Temperaturbeständigkeit

BC-Löschpulver auf der Basis von Kaliumhydrogencarbonat oder Kaliumsulfat sind temperaturbeständig bis etwa 100°C. Beim Natriumhydrogencarbonat beginnt bei etwa 45 °C in offenen Behältern bereits in geringem Umfang eine Zersetzung. In geschlossenen Behältern (also auch in Feuerlöschern) dürften bis etwa 60 °C noch keine Schädigungen des Löschpulvers zu erwarten sein. Kurzzeitig (bis zu einigen Stunden) auftretende höhere Temperaturen sind ebenfalls ohne Belang. Die Kältebeständigkeit aller BC-Löschpulver ist praktisch unbegrenzt.

4.3.2 Löschwirkungen

Es ist inzwischen klar erwiesen, dass beim BC-Löschpulver weder eine Stick- noch eine Kühlwirkung als ausschlaggebende Löschwirkung in Frage kommt. Auch aus der Zersetzung des Natriumhydrogencarbonats in Wasser und Kohlendioxid (siehe Kapitel 4.3.1.1) lässt sich keine wesentliche Löschwirkung herleiten.

Als ausschlaggebende Löschwirkung ist vielmehr die in Kapitel 1.4.3 erläuterte heterogene Inhibition anzusehen. Daneben ist sicherlich auch die rein mechanische Wirkung des scharfen Pulverstrahles von Bedeutung.

4.3.3 Einsatzbereich und -grenzen

BC-Löschpulver ist nur gegen Flammenbrände, also gegen Brände der Brandklassen B und C, geeignet. Es wird in Feuerlöschern mit 6 bis 12 kg Inhalt, in Karren oder Anhängern mit 50, 100 oder 250 kg Inhalt, in auf Kraftfahrzeuge fest aufgebauten Anlagen mit 250, 500 oder 750 kg sowie 1 500, 2 000, 4 000, 6 000 bis 12 000 kg Inhalt und außerdem in ortsfesten Anlagen verschiedener Größe verwendet (Bild 28). Als Treibmittel wird bei Feuerlöschern im Allgemeinen Kohlendioxid, bei fahrbaren oder ortsfesten Anlagen dagegen Stickstoff verwendet. Das Löschpulver wird bei Feuerlöschern im Allgemeinen über Düsen mit Hebelventilen und bei größeren Geräten über Schnellangriffseinrichtungen ausgestoßen. Die Ausstoßrate je Düse bzw. je Schnellangriffsrohr beträgt bei Feuerlöschern etwa 0,5–0,8 kg/s, bei 50-kg-Geräten etwa 1 kg/s, bei 250-kg-Geräten etwa 2 kg/s, bei 500-kg-Geräten etwa 3,5 kg/s, bei 750 kg-Geräten etwa 5 kg/s und steigt bei noch größeren Geräten bis auf etwa 50 kg/s an. BC-Löschpulver zeichnet sich besonders durch seine schlagartige Löschwirkung aus, die von keinem anderen Löschmittel erreicht wird. Bei Ernstfalleinsätzen und Versuchen hat sich gezeigt, dass auch größere Kraftstoffmengen (in Einzelfällen mehrere 1000 l)

Bild 28: Fahrbares Feuerlöschgerät P 250 für den Einsatz von BC-/ABC-Pulver bzw. Metallbrandpulver (TOTAL Feuerschutz GmbH)

mit entsprechend großen Pulvermengen schlagartig gelöscht werden können. Dabei bietet das Löschpulver gleichzeitig einen wirksamen Schutz gegen Strahlungswärme, sodass in vielen Fällen ohne besondere Schutzkleidung vorgegangen werden kann.

BC-Löschpulver eignet sich besonders in Brandfällen, bei denen es darauf ankommt, in kürzester Zeit die Flammen wegzuschlagen, um z. B. Menschen zu retten, Hebel, Ventile oder Schalter im Brandbereich zu bedienen oder sonstige Sofortmaßnahmen durchzuführen. Da eine Kühlwirkung durch BC-Löschpulver nicht eintritt, ist es meistens erforderlich, nach dem Ausschlagen der Flammen ein kühlendes Löschmittel zusätzlich einzusetzen, um die Gefahr von Rückzündungen auszuschalten. BC-Löschpulver hat weiterhin den Vorteil, dass es für Menschen und Tiere wie auch für Pflanzen unschädlich ist. Wichtige Einsatzbereiche für BC-Löschpulver sind Flugplätze, Erdgassonden und -leitungen, Raffinerien, Tankanlagen, -schiffe und -fahrzeuge sowie Industrie- oder Versorgungsbetriebe, in denen Brände der Brandklassen B und C auftreten können (Bilder 29 und 30).

BC-Löschpulver kann außerdem verwendet werden zum Niederschlagen von Säurenebeln sowie in beschränktem Maße (wegen der Hydrophobierung) zum Neutralisieren von ausgelaufenen Säuren.

Ein wesentlicher Nachteil der BC-Löschpulver liegt in der möglichen Verschmutzung von Anlagen. Für empfindliche technische und elektrische Anlagen, z. B. Spinnereien, Fernsprechanlagen, sowie im gesamten Bereich der Elektronik, aber auch in einigen anderen Industriezweigen, z. B. Farben- und Lackherstellung, Spirituosenherstellung, ist der Einsatz von BC-Löschpulver nicht zu empfehlen. Hier wäre der Einsatz nur vertretbar, wenn Menschen zu retten sind oder andere besondere Umstände (z. B. außergewöhnlich große Ausbreitungsgefahr des Brandes) es erfordern. Als weiteren Nachteil kann man die besonders in Räumen auftretende Staubbelästigung, insbesondere die Sichtbehinderung, aufführen. Die Absetzgeschwindigkeit der Pulverteilchen ist verhältnismäßig gering (etwa 0,5–20 cm/s – je nach Korngrößenverteilung), sodass oft noch 3 bis 4 min nach dem Löschpulverangriff die Sicht erheblich behindert ist. Unter ungünstigen thermischen und räumlichen Verhältnissen kann sich diese Sichtbehinderung auch über 10 bis 15 min erstrecken. Beim Einsatz von BC-Löschpulvern gegen Brände in elektrischen Anlagen sind die in Tabelle 16 angegebenen Sicherheitsabstände zu beachten.

Bilder 29 und 30: Löschen eines Flugzeugbrandes (Übung), erster Angriff mit Löschpulver (Flughafen Köln/Bonn)

4.4 ABC-Löschpulver*

4.4.1 Eigenschaften

ABC-Löschpulver sind Stäube, die im Wesentlichen aus Gemischen von Ammoniumphosphaten und Ammoniumsulfat sowie z.T. aus Bariumsulfat bestehen. Manche sind weiß, andere grün, blau, gelb oder rot eingefärbt. Die Färbung dient ausschließlich der Kenntlichmachung des jeweiligen Produktes.

4.4.1.1 Chemische Eigenschaften

Im ABC-Löschpulver werden Monoammoniumphosphat und Diammoniumphosphat verwendet.

Wird Phosphorsäure (H_3PO_4) mit Ammoniumgruppen (NH_4) verbunden, so werden 1 bis 3 H-Atome aus der Phosphorsäure durch NH_4 ersetzt (substituiert). Wird nur eine Ammoniumgruppe eingebracht, heißt die Verbindung primäres Ammoniumphosphat oder Monoammoniumphosphat ($NH_4H_2PO_4$). Werden 2 H-Atome ersetzt, handelt es sich um sekundäres Ammoniumphosphat oder Diammoniumphosphat ($[NH_4]_2HPO_4$). Werden alle 3 H-Atome ersetzt, entsteht das tertiäre Ammoniumphosphat oder Triammoniumphosphat ($[NH_4]_3PO_4$). Ammoniumphosphate zersetzen sich bei Erwärmung unter Bildung von Ammoniak und Phosphorsäure.

Ihre wichtigsten Anwendungsbereiche finden Ammoniumphosphate als Düngemittel sowie in der pharmazeutischen Industrie. Früher wurden Ammoniumphosphate auch als Flammschutzmittel für Holz und Holzwerkstoffe verwendet.

Ammoniumsulfat (auch schwefelsaures Ammoniak genannt – chemische Formel: $[NH_4]_2SO_4$) besteht aus wasserhellen, stark salzig schmeckenden Kristallen, die in Wasser leicht löslich sind. Es wird hauptsächlich als Düngemittel, Unkrautvernichtungsmittel sowie zur Aufschließung von Kupfererzen verwendet. Früher wurde es auch als Flammschutzmittel eingesetzt.

Bariumsulfat (auch Schwerspat, Permanentweiß oder schwefelsaurer Baryt genannt – chemische Formel: $BaSO_4$) ist ein in der Natur vorkommendes Mineral, das in weißen Kristallen auftritt. In Wasser ist es praktisch unlöslich. Infolge seiner geringen Löslichkeit ist es im Gegensatz zu anderen Bariumverbindungen ungiftig. Bariumsulfat wird hauptsächlich in der Farben- und Lackindustrie sowie zur Herstellung von Spezialpapier, Röntgenkontrastmitteln und Kautschukprodukten gebraucht.

---

* Normbezeichnung: DIN EN 615 – ABC

Seltener werden in ABC-Löschpulvern auch andere Stoffe, wie z. B. Borax (Mineral), Dicyandiamidharze oder -phosphate (auch als Flammschutz- bzw. Imprägnierungsmittel bekannt) oder auch Melamin verwendet. In älteren ABC-Löschpulvern (z. B. auch in ausländischen Produkten) können auch geringfügige Anteile von Natriumhydrogencarbonat oder von Calcium- bzw. Magnesiumcarbonaten enthalten sein.

Die prozentuale Zusammensetzung der verschiedenen ABC-Löschpulver (in- und ausländischer Herkunft) ist so unterschiedlich, dass eine allgemeingültige Aussage hierüber nicht möglich ist. Im Mittel könnte man die Zusammensetzung etwa wie folgt aufführen:

- 40 % Ammoniumphosphat,
- 40 % Ammoniumsulfat,
- 10 % Bariumsulfat und
- 10 % Zusätze.

Tatsächlich weichen die einzelnen Anteile in den handelsüblichen Pulvern jedoch, wie bereits erwähnt, stark voneinander ab, sodass z. B. auch eine Mischung von 20–80 Teilen Ammoniumphosphat und auch die Verwendung anderer Stoffe möglich ist.

Tatsächlich weichen die einzelnen Anteile in den handelsüblichen Löschpulvern stark voneinander ab. Neben besonders preisgünstigen ABC-Löschpulvern, die nur etwa 20 % Ammoniumphosphat enthalten, gibt es besonders löschwirksame, die zu 80 % aus Ammoniumphosphat bestehen. Dazwischen sind praktisch alle anderen Mischungen von Ammoniumphosphat und Ammoniumsulfat möglich. Bariumsulfat ist bei weitem nicht in allen Löschpulvern enthalten; es ist eigentlich mehr als Füllstoff zu betrachten.

4.4.1.2 Physikalische Eigenschaften

Die physikalischen Eigenschaften der ABC-Löschpulver sind denen der BC-Löschpulver (Kapitel 4.3.1.2) ähnlich. Die Schüttgewichte sind etwas geringer und betragen etwa 0,75 bis 0,85 kg/l. Diese können jedoch durch den Zusatz spez. schwererer Stoffe leicht erhöht werden. So kann z. B. Bariumsulfat (Dichte 4,5) zur Regulierung des Schüttgewichtes dienen. Die Korngrößenverteilung und damit die spez. Oberfläche der ABC-Löschpulver weicht nur geringfügig von der der BC-Löschpulver ab. Allerdings machen hier einige ABC-Löschpulver eine Ausnahme, indem sie eine spez. Oberfläche von annähernd 6 000 cm^2/g erreichen. Es ist zu berücksichtigen, dass die Verwendung weniger löschfähiger Stoffe durch eine entsprechende Vergrößerung der spez. Oberfläche kompensiert werden kann. Verallgemeinert kann man auch sagen, dass die in den letzten Jahren verbesserte Löschwirkung der ABC- wie auch der BC-Löschpulver weniger auf die Verwendung löschfähiger Substanzen als vielmehr auf die verbesserte Mahltechnik und die Vergrößerung der spez. Oberfläche zurückzuführen ist. Die Temperaturbeständigkeit der ABC-Löschpulver ist geringer als die der BC-Löschpulver. Bereits bei etwa 70 °C tritt bei den ABC-Löschpulvern eine thermische Zersetzung ein. Im erforderlichen Temperaturbereich von –20 bis 60 °C ist in geschlossenen Behältern jedoch keine Schädigung zu erwarten.

4.4.2 Löschwirkung

Die Löschwirkung der ABC-Löschpulver in den Brandklassen B und C entspricht der der BC-Löschpulver. In der Brandklasse A erfolgt die Löschung der Flammen durch die gleiche inhibierende Wirkung.

In der hohen Temperatur des Brandes zersetzen sich insbesondere die in dem ABC-Löschpulver enthaltenen Ammoniumverbindungen und bilden eine Glasurschicht, die mehr oder weniger tief (je nach Art des Brandstoffes) in die Poren des Stoffes eindringt. Diese Glasurschicht verhindert einerseits die Sauerstoffzufuhr zur Glutzone und isoliert andererseits gegen die Strahlungswärme, sodass die weitere Aufbereitung des brennenden Stoffes unterbleibt. ABC-Löschpulver haben insofern eine nachhaltige Löschwirkung auf z. B. Holzscheite, die mit Löschpulver belegt nur schwerlich wieder zu entzünden sind.

Daneben treten zwei weitere Löschwirkungen auf: Das bei der Zersetzung der ABC-Löschpulver freiwerdende Ammoniak hat eine inhibierende Wirkung auf die Flammen; außerdem wirken Ammonphosphate fördernd auf die Verkohlung fester Stoffe. Die Verkohlungsschicht wiederum isoliert gegen Strahlungswärme und beeinflusst die Wärmeleitung negativ.

Wie bei fast allen Löschmitteln treten also auch beim ABC-Löschpulver verschiedene Einzelwirkungen auf. Welche als wichtigste anzusehen ist, lässt sich nicht generell sagen, sondern ist u. a. auch von der Art des brennenden Stoffes abhängig.

4.4.3 Einsatzbereiche und -grenzen

Mit dem ABC-Löschpulver ist ein Löschmittel aufgetreten, das man – mit gewissen Einschränkungen – praktisch als Universallöschmittel ansehen kann. Es ist zwar bei einigen wenigen Stoffen, z. B. bestimmten Metallen, Hochspannungsanlagen, Metallalkylen usw., nicht verwendbar, jedoch können die im Allgemeinen auftretenden Stoffe damit gelöscht werden. Die große Bedeutung dieses Löschpulvers liegt in seiner vielseitigen Verwendbarkeit. Diesen Vorteil versteht man erst richtig, wenn man sich einmal vor Augen hält, dass vor etwa 20 Jahren z. B. in einem einfachen Tischlereibetrieb u. U. vier verschiedene Feuerlöscher anzutreffen waren, nämlich für den Holzbrand ein Wasserlöscher, für Lacke und Farben ein Schaumlöscher, für die elektrische Anlage ein CO_2-Löscher und für die Kraftfahrzeuge oder die Garage ein Tetralöscher. Im Brandfalle benutzte der Laie dann oft den falschen Löscher, z. B. den Schaumlöscher an der elektrischen Anlage und den Tetralöscher gegen Holzbrände. Mit dem ABC-Löschpulver ist das Löschen für den Laien »narrensicher« geworden. Er kann seinen Löscher bei praktisch allen auftretenden Bränden einsetzen. Die Bedeutung der ABC-Löschpulver liegt also nicht so sehr beim abwehrenden Brandschutz durch die Feuerwehren, die selbstverständlich nach wie vor in der Brandklasse A Wasser einsetzen, sondern beim Löschen durch den Laien. Aus diesem Grunde wird ABC-Löschpulver auch hauptsächlich in kleinen Geräten (Feuerlöscher mit 1, 2, 3, 4, 6, 9 oder 12 kg Inhalt) verwendet. Größere Geräte (Karren oder Anhänger mit 50, 100 oder 250 kg Inhalt oder ortsfeste Anlagen) mit ABC-Löschpulver sind nur in Ausnahmefällen erforderlich.

Wichtige Einsatzbereiche für ABC-Löschpulver sind Kraftfahrzeuge, Öl-, Gas- oder Feststoffheizungen, Kfz-Werkstätten, Garagen, Lagerräume; ganz allgemein also Objekte, bei denen nicht nur das Brandrisiko nach Brandklasse A, sondern auch nach B bzw. C abgedeckt werden muss. Treten nur Stoffe der Brandklasse B und C auf, genügt das BC-Löschpulver; treten nur Stoffe der Brandklasse A auf, genügt ein Wasserlöscher. So ist es z. B. in Schulen (ausgenommen bestimmte Räume), Verwaltungsgebäuden, Krankenhäusern durchaus nicht notwendig, für den Raumschutz ABC-Löschpulver bereitzustellen. Der »gute alte Wasserlöscher« ist hier meistens vollkommen ausreichend, billiger und richtet im Ernstfall in aller Regel auch weniger Schaden an. Der Nachteil der ABC-Löschpulver liegt wie bei den BC-Löschpulvern vor allen Dingen in der erheblichen Verschmutzung von Anlagen bzw. Anlageteilen. Während z. B. einfache elektrische Anlagen wie Schalt- oder Anschlusstafeln sehr wohl mit Löschpulver gelöscht werden können, ist der Einsatz in empfindlichen elektrischen Anlagen sowie an Hochspannungsanlagen auszuschließen (siehe auch Kapitel 4.2.5).

Es ist weiterhin zu berücksichtigen, dass die starke Staubentwicklung zu einer Sichtbehinderung führen kann, die u. U. in Krankenhäusern, Schulen, Kaufhäusern usw. die Rettung von Menschen erschwert.

Zusammenfassend ist festzustellen, dass der besondere Wert des ABC-Löschpulvers in seiner vielseitigen, fast universellen Anwendungsmöglichkeit liegt. Bei der Beschaffung bzw. Bereitstellung von Feuerlöschern sollte daher in jedem Einzelfall sorgfältig geprüft werden, welches Löschmittel unter Berücksichtigung aller jeweiligen Gegebenheiten die beste Wirkung und die geringsten schädlichen Nebenwirkungen erwarten lässt.

4.5 Sonderlöschpulver für Metallbrände*

4.5.1 Eigenschaften

Metallbrandpulver sind Stäube, die meistens aus Natriumchlorid, seltener aus Kaliumchlorid, Melamin oder Bortrioxid bestehen. Es handelt sich um weiße, graue oder dunkelgraue bis schwarze Pulver. Die Färbung ist hauptsächlich von der Zusammensetzung abhängig.

4.5.1.1 Chemische Eigenschaften

Das in den Metallbrandpulvern hauptsächlich verwendete Natriumchlorid (allgemein bekannt als Kochsalz – chemische Formel: NaCl) ist in chemisch reiner Form farblos, in Form des natürlichen Kochsalzes besteht es aus weißen Kristallen, in denen kleine Wassermengen eingeschlossen sein können. Diese verdampfen beim Erwärmen und bewirken dadurch das Zerplatzen der Kristalle, wobei ein Knistern hörbar wird. Geringe Mengen Kochsalz sind für den Menschen lebensnotwendig; sie dienen zur osmotischen Regulierung des Blutes und zur Magensäurebildung.

Natriumchlorid kommt im Meerwasser sowie im Erdreich als Mineral vor und wird im letzten Falle bergmännisch abgebaut (Steinsalzlager bis zu 1000 m Mächtigkeit).

Verwendung findet Natriumchlorid hauptsächlich als Speisesalz, Viehsalz, in der Nahrungsmittelindustrie, Gerberei und Metallurgie. Außerdem ist es Ausgangspunkt für praktisch alle Natriumverbindungen, wie z. B. Soda, Natron, Natronsalpeter usw.

Kaliumchlorid – KCI – besteht aus farblosen, wasserlöslichen, salzig schmeckenden Würfeln. Es kommt ebenfalls als Mineral (Sylvin) vor. Kaliumchlorid zeigt in den meisten Eigenschaften große Ähnlichkeit mit Natriumchlorid, wirkt sich jedoch auf den menschlichen Organismus ungünstig aus. Es wird hauptsächlich als Düngemittel sowie als Ausgangsprodukt für Kaliumverbindungen verwendet.

---

* Normbezeichnung: DIN 14275 – D

Melamin (Cyanurtriamid) besteht aus wasserlöslichen Kristallen (monokline Prismen). Es wird hauptsächlich in der Textilindustrie sowie zur Herstellung wasserfester Papiere gebraucht.

Bortrioxid (auch Boroxid – chemische Formel: B_2O_3) ist eine farblose oder weiße Masse, die beim Verbrennen von Bor bzw. beim Glühen von Borsäure entsteht. Außer den o. a. Stoffen können noch geringe Mengen von Pech, Talkum, Graphit oder Siliciumoxid im Metallbrandpulver enthalten sein. Bei der mengenmäßigen Zusammensetzung dominiert im Allgemeinen das Natriumchlorid, das bis zu 85 % ausmachen kann. Auch eine Mischung von etwa gleichen Teilen Natriumchlorid und Kaliumchlorid ist möglich. Weiterhin gibt es Metallbrandpulver, die über 90 % Melamin enthalten oder überwiegend aus Boroxid bestehen.

4.5.1.2 Physikalische Eigenschaften

Die Schüttgewichte der Metallbrandpulver sind z. T. geringfügig höher als die der übrigen Löschpulver und liegen etwa im Bereich von 1,0–1,3 kg/l. Die Korngrößenverteilung entspricht in etwa der der übrigen Löschpulver; bei einigen sind allerdings auch etwas größere Anteile enthalten.

4.5.2 Löschwirkungen

Das Metallbrandpulver hat in erster Linie eine abdeckende Wirkung. Bei Erwärmung des auf den Brandherd aufgetragenen Pulvers kommt dieses zum Schmelzen bzw. bei etwas niedrigeren Temperaturen zum Sintern. Es bildet sich eine harte Kruste von geringer Porosität. Der Zutritt des Sauerstoffs wird unterbunden, gleichzeitig tritt eine gewisse Kühlung der Oberfläche des Brandgutes ein.

Auch chemische Umsetzungen, die jedoch nach Art des Löschpulvers und des Brandstoffes unterschiedlich sind, können als Löschwirkungen in Frage kommen. Bis ins letzte geklärt sind die bei Leichtmetallbränden durch Löschpulver erreichten Löschwirkungen noch nicht. Das Ablöschen von Leichtmetallbränden unterscheidet sich vom Löschen anderer Stoffe, bei denen der Brand oft schon bei Berührung mit dem Löschmittel verlöscht, ganz erheblich. Metallbrände verlöschen nicht sofort, sondern erst nach einer gewissen Einwirkungszeit des Löschmittels. Während Späne von einigen Legierungen je nach Art und Größe bzw. Form schon nach 1 bis 2 min verlöschen, brauchen andere Legierungen, insbesondere hochprozentige Magnesiumlegierungen, oft mehr als 5 Minuten, um unter der Pulverkruste zu verlöschen. Unterschiedlich ist hierbei allerdings auch die Wirksamkeit der einzelnen Metallbrandpulver.

Bei den Alkalimetallen Natrium und Kalium – aber auch bei einigen Erdalkalimetallen – muss die Pulverkruste durchweg 10 min liegen bleiben und vollkommen dicht abschließen, bevor der Brand gelöscht ist. Besondere Schwierigkeiten bereiten Metallstäube, bei denen meistens größere Mengen von Metallbrandpulver eingesetzt werden müssen, ehe ein Erfolg eintritt.

4.5.3 Einsatzbereiche und -grenzen

Metallbrandlöschpulver werden in Feuerlöschern mit 12 kg Inhalt und in fahrbaren Geräten mit 50 bzw. 250 kg Inhalt verwendet.

Sie sind ausschließlich gegen Brände von Metallen, insbesondere von Leichtmetallen, geeignet. Löschgeräte mit Metallbrandlöschpulver müssen an der Ausstoßdüse eine so genannte Pulverbrause (»Strahlbremse«) haben, damit das Löschpulver nicht mit scharfem Strahl, sondern locker auf das Brandgut (Späne, Stäube, glühende Oberflächen) aufgetragen werden kann. Neben den häufig auftretenden Leichtmetallen Aluminium und Magnesium sind mit dem Metallbrandpulver auch Natrium und Kalium zu löschen. Einige Metallbrandpulver eignen sich auch gegen Brände anderer Leichtmetalle, wie z. B. Strontium, Calcium usw., sowie gegen Brände der Schwermetalle Zirkon und Uran. Da nach DIN EN 2 Brände aller Metalle in die Brandklasse D gehören, müssten normalerweise Löschpulver, die für D zugelassen sind, auch gegen alle Metalle anwendbar sein. Mit Sicherheit ist das z. Z. noch nicht der Fall. Es wäre daher angebracht, wenn in Zukunft auf der Zulassung vermerkt würde, für welche Metallbrände das Löschpulver brauchbar ist. Solange das nicht obligatorisch geregelt ist, sollte der Verbraucher in speziellen Fällen beim Hersteller anfragen, welche Brandrisiken das jeweilige Metallbrandlöschpulver abdeckt. Bei Metallbränden in Räumen besteht die Möglichkeit, dass aus dem Metall oder dem Löschmittel (Pyrolyseprodukte) giftige Stäube, Dämpfe oder Gase (u. U. auch radioaktive Teilchen) freigelegt werden. Besonders Barium und seine Salze sowie Schwermetalle (Schwermetallgifte) sind äußerst gefährlich. Bei Metallbränden in Räumen ist also grundsätzlich umluftunabhängiger Atemschutz anzulegen. Im Freien wird man im Allgemeinen ohne Atemschutz oder mit Filtergeräten auskommen.

Im Bild 31 wird der richtige Umgang beim Einsatz von Löschpulver dargestellt.

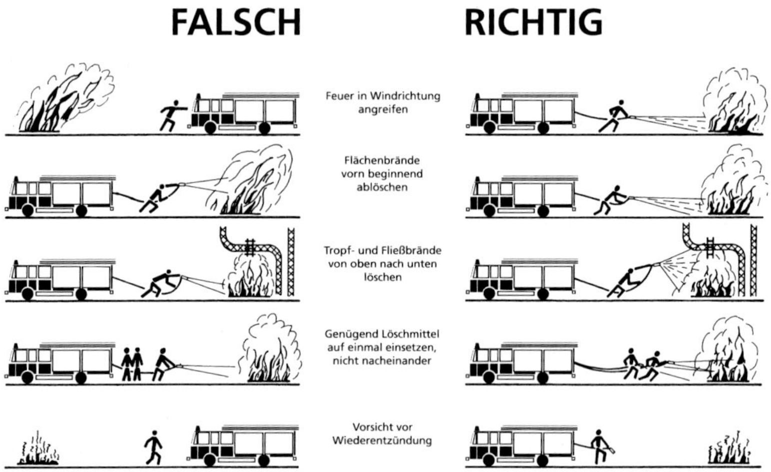

Bild 31: Einsatz von Löschpulver

4.6 Umweltschutz

Empfehlungen zum Übungs- und Erprobungseinsatz mit dem Löschmittel Pulver

Zweck dieser Empfehlungen ist es, bei Löschmitteln und Pulverlöschgeräten sowie der Ausbildung zum Umgang mit Feuerlöschern die Belange des Umweltschutzes – insbesondere des Gewässerschutzes und der menschlichen Gesundheit – sicherzustellen.

Übungen und/oder Erprobungen unter Verwendung des Feuerlöschmittels Pulver gem. DIN 14275 (alt), DIN EN 615 und ISO 7202 – im Weiteren kurz Löschpulver genannt – sind hinsichtlich einer umfassenden Ausbildung von Anwendern für die Entwicklung und Erprobung von neu- und weiterentwickelten Löschpulvern sowie für die Überprüfung vorhandener Löschsysteme bzw. die Erprobung neu- und weiterentwickelter Feuerlöschgeräte unverzichtbar.

Bei der Anwendung von Löschpulvern im vorgenannten Sinne ist von folgenden Grundsätzen auszugehen:

1. Erfolgen Übungen und Erprobungen derart, dass sie in ortsfesten Einrichtungen oder auf speziellen Grundstücken durchgeführt werden, so sind

die nachgenannten Anforderungen, wie sie im Bundes-Immissionsschutzgesetz festgelegt sind, zu beachten.

Derartige Erprobungen und Übungen dürfen demnach nur so durchgeführt werden, dass »schädliche Umwelteinwirkungen durch Luftverschmutzungen oder Geräusche verhindert werden, die nach dem Stand der Technik vermeidbar sind, nach dem Stand der Technik unvermeidbare schädliche Umwelteinwirkungen auf ein Mindestmaß beschränkt werden und die bei Betrieb der Anlage entstehenden Abfälle (Brandrückstände, Löschmittelrückstände) ordnungsgemäß beseitigt werden können«.

2. In Wasserschutzgebieten und Grundwassereinzugsgebieten von öffentlichen und privaten Trinkwassergewinnungsanlagen hat die Durchführung von Übungen und Erprobungen unter Verwendung von Löschpulver zu unterbleiben.
3. Der Einsatz von Löschpulver bei Löschvorführungen ohne Übungs- und Erprobungscharakter hat aus Umweltschutzgründen zu unterbleiben.
4. Übungen mit Löschpulver müssen auf einem befestigten Untergrund durchgeführt werden.
5. Für Übungen und/oder Erprobungen mit Löschpulver sollte bezüglich der Flüssigkeitsbrandobjekte (Brandklasse B) Siedegrenzenbenzin oder Heptan und bezüglich der Feststoffbrandobjekte (Brandklasse A) unbehandeltes, abgelagertes und trockenes Holz (Fichte, Kiefer u.ä.) eingesetzt werden. Für die Entzündung der Holzübungsbrände sollten vorgenannte brennbare Flüssigkeiten eingesetzt werden. Die Auswahl der Prüf- bzw. Übungsobjekte sollte unter Beachtung der DIN EN 3, Teil 1 oder anderer geltendender Vorschriften erfolgen (z. B. Technische Lieferbedingungen der Bundeswehr, bzw. internationale Normen).
6. Bei Übungen und/oder Erprobungen mit Löschpulver, bei denen brennbare Flüssigkeiten als Brandstoff oder zur Entzündung anderer Brennstoffe eingesetzt werden, dürfen derartige Versuche nur unter Einsatz flüssigkeitsdichter Auffang- bzw. Brandwannen durchgeführt werden. Ein Verspritzen des Brandgutes ist zu vermeiden.
7. Die Verantwortung für die Vorbereitung und Durchführung von Übungen und/oder Erprobungen ist fachlich kompetenten Personen aus dem Kreise der Berufs- und Freiwilligen Feuerwehren oder Sachkundigen mit vergleichbarer Qualifikation zu übertragen.
8. Beim Umgang mit Löschpulver im Rahmen der in dieser Empfehlung angeführten Einsatzgebiete ist trotz nachgewiesener Ungiftigkeit ein Kontakt mit Körperschleimhäuten (Auge, Mund, Atemwege u. a.) durch geeignete Maßnahmen weitgehend zu vermeiden. Bei der Anwendung von Löschpulver ist die Windrichtung zu beachten. Ferner sollten die auf Feu-

erlöschern befindlichen Piktogramme und Anwenderhinweise der Hersteller beachtet werden.

9. Nach Beendigung der Übung und/oder Erprobung sind die Pulvermengen durch geeignete Mittel und Methoden wieder aufzunehmen. Dies kann z. B. durch Zusammenkehren erfolgen.

Bei der Entsorgung müssen die Abfallschlüssel der TA Abfall (Nr. 39905) gegebenen Hinweise beachtet werden. Nicht verbrauchte ABC-Löschpulverreste können über die Gerätehersteller einer anderweitigen Verwertung zugeführt werden. Je nach Verwendungszweck (Brandklasse) enthalten Löschpulver hydrophobierte Salze in unterschiedlicher Zusammensetzung.

Häufig verwendete Salze sind: Monoammoniumphosphat, Ammoniumsulfat, Kaliumsulfat, Natriumhydrogencarbonat und Natriumchlorid.

Auskunft zur Deponierung von verschmutzten Löschpulverresten erteilen die zuständigen Landesbehörden, wie z. B. Kreisverwaltungen oder Bezirksregierungen bzw. die mit der Abfallentsorgung betrauten Zweckverbände.

Die vorstehend aufgeführten Empfehlungen sind erarbeitet worden vom Fachausschuss »Gerätschaften und Mittel zur Abwehr von Gewässergefährdungen (GMAG)« im Beirat LTwS des Bundesministeriums für Umwelt, Naturschutz und Reaktorsicherheit.

5 Halone

5.1 Allgemeines

Die Geschichte der Halone begann 1839, als der französische Physiker und Chemiker *Henry Victor Regnault aus* Chloroform und Chlor Tetrachlorkohlenstoff (kurz »Tetra« genannt) herstellte. Ein technisch anwendbares Verfahren zur Herstellung von Tetra entwickelte *H. Kolbe* 1843. Neben Tetra, das schon um 1880 als Löschmittel verwendet wurde, waren aber auch schon Chloroform und andere Chlorverbindungen zu Löschzwecken gebraucht worden.

»Halon« ist ein Kunstwort, dem die englische Bezeichnung »halogenated hydrocarbon« zugrunde liegt. Aus dem »hal« (halogenated) und dem »on« (hydrocarbon) hat man das Wort Halon zusammengesetzt. Halogenated hydrocarbon heißt auf deutsch halogenierter Kohlenwasserstoff (oder Halogenkohlenwasserstoff).

Unter Kohlenwasserstoffen (so genannten KW-Verbindungen oder auch CH-Verbindungen) versteht man Stoffe, die *nur* aus Kohlenstoff und Wasserstoff bestehen. Eine der wichtigsten Bindungsmöglichkeiten zwischen Kohlenstoff und Wasserstoff finden wir in der Methan-Reihe (auch Paraffin-Reihe oder Reihe der Alkane genannt). Die Methan-Reihe hat die allgemeine Formel

C_nH_{2n+2},

d. h. die Anzahl der H-Atome ergibt sich, wenn man die Anzahl der C-Atome mit 2 multipliziert und 2 dazu addiert, z. B. C_3H_8 (Propan) hat 3 C-Atome ($3 \cdot 2 + 2 = 8$), muss also 8 H-Atome besitzen.

Über die gefährlichen Wirkungen dieser Stoffe war man sich nicht ganz klar. Umstritten war dieses Löschmittel wohl schon immer gewesen. So stellte dann eine Sonderkommission (der so genannte »Tetraausschuss«) in einem Gutachten am 14. Januar 1923 fest, dass Tetra, zwar ein »z. Z. nicht übertroffenes Löschmittel« sei, machte aber gleichzeitig erhebliche Einschränkungen hinsichtlich seiner Anwendung geltend.

Nach 1930 wurden weitere Halone (diese Bezeichnung gab es damals allerdings noch nicht) entwickelt. Der französische Chemiker *Charles Dufraisse* stellte z. B. fest, dass bromierte und jodierte Kohlenwasserstoffe löschwirksamer sind als chlorierte. Das sehr giftige Methylbromid sowie das weniger giftige Ethylenbromid kamen auf. 1939 wurde in Deutschland das Bromchlormethan (»CB«) von IG-Farben entwickelt, das zur damaligen Zeit einen ganz erheblichen Fortschritt darstellte, weil es weniger giftig als Tetra war und eine größere Löschwirkung zeigte. Insbesondere im Kriege hat sich im Bereich der Kriegsmarine und der Luftwaffe dieses Löschmittel hervorragend bewährt. Die fluorierten Kohlenwasserstoffe wurden erstmalig von dem Belgier *F. Swarts* um 1890 dargestellt. Etwa 1930 fand man heraus, dass diese Stoffe sich gut als Kältemittel eigneten. Der große Durchbruch der fluorierten Kohlenwasserstoffe gelang aber erst nach dem Kriege, als millionenfach Kühlschränke, Kühlanlagen und -geräte hergestellt wurden und die so genannten »Sprays« (Sprühdosen) den Markt überfluteten. Aus den Sicherheitstreibmitteln und den Kältemitteln wurden in den 60er Jahren die heute als Löschmittel üblichen Halone entwickelt, die sowohl das Tetra als auch CB sehr schnell verdrängten.

Seit etwa 1970 warnen Wissenschaftler – insbesondere amerikanische – vor der Zerstörung der Ozonschicht. Unter der Ozonschicht versteht man den Bereich der irdischen Lufthülle in einer Höhe von etwa 15 bis 30 km mit einer starken Konzentration von Ozon*. Die Ozonschicht schützt die Erde vor der energiereichen ultravioletten Strahlung der Sonne, die bei einer starken Abnahme der Ozonschicht zellschädigend wirkt und Krebs auslöst. Der Abbau der Ozonschicht, der zuerst über dem Südpol (im September und Oktober, im sogen, antarktischen Frühling) beobachtet wurde, ist inzwischen auch über Europa und Nordasien gemessen worden. Für die Zerstörung der Ozonschicht sind u. a. die als Kühlmittel verwendeten Fluorchlorkohlenwasserstoffe (FCKW) und die verwandte Stoffgruppe der Halone mitverantwortlich, was letztendlich zum Verbot dieser Stoffe geführt hat.

Aus brandschutztechnischer Sicht kann in vielen Fällen auf Halone verzichtet werden, so z. B. als Löschmittel in Feuerlöschern für Kfz-Brände oder gegen Brände in elektrischen Anlagen.

---

* Ozon (O_3) ist eine giftige Form des Sauerstoffs (O_2) mit 3 Atomen, das unter Einwirkung von Sonnenstrahlen entsteht. Während in den höheren Schichten der Atmosphäre – also der Ozonschicht – eine Abnahme der Ozonkonzentration gemessen wird, nimmt sie in den unteren Luftschichten (Atemluft) zu. Ein Ausgleich findet zwischen den Schichten nicht statt.

In der Elektronik, im Luftverkehr und im militärischen Bereich ist der Ersatz von Halonen durch andere Löschmittel – jedenfalls in Sonderfällen – nicht unproblematisch.

Die Hauptlöschwirkung der reinen Halone ist die homogene Inhibition (siehe auch Kapitel 1.4.3).

Dieser in der Brandschutzterminologie auch als »antikatalytische Löschwirkung« bezeichnete Vorgang läuft in zwei Phasen ab.

In der ersten Phase werden die Halone in der hohen Temperatur des Brandes zersetzt, wobei in erster Linie Brom- und Chloratome abgespalten werden. Die abgespalteten Halogenatome nennt man Radikale.

Radikale sind im engeren Sinne ziemlich stabile Gruppen von zwei oder mehr verschiedenen Atomen, die wie Elemente als Ganzes reagieren und meistens einwertig (seltener zwei- oder mehrwertig) auftreten. Im weiteren Sinne bezeichnet man als Radikale auch einzeln auftretende Atome von gasförmigen Elementen, die im Normalfall im molekularen Verband z. B. als O_2, Cl_2 usw. vorkommen. So wird auch das einzige nichtmetallische flüssige Element Brom, das als Dampf im Allgemeinen als Molekül in Form von Br_2 auftritt – also »gasverwandt« ist – als Radikal bezeichnet, wenn es einatomig als Br^* erscheint.

Ebenso wie es bei der thermischen Aufspaltung der Halone zur Radikalbildung kommt, ist auch die Verbrennung von Gasen und Dämpfen (meistens Kohlenwasserstoffen) nur in einer Kettenreaktion möglich, die unter Bildung von Radikalen abläuft. So bilden sich z. B. bei der Verbrennung von Methan die Radikale CH_3^* und OH^*. In der zweiten Phase des Löschvorganges verbinden sich die Halogen-Radikale mit den aus den Brennstoffen gebildeten Radikalen z. B. nach den Gleichungen

$Br^* + CH_3^* \rightarrow CH_3Br$

oder

$CF_2^* + 2 \cdot OH^* \rightarrow CF_2(OH)_2$

und brechen damit die Reaktionsketten ab, sodass die Flamme erlischt. Die Löschwirkung eines Halons ist abhängig von der Menge der aus dem Halon freiwerdenden Halogene (Radikale). Je leichter ein Halogen abgespalten wird, desto größer ist die Löschwirkung. Daraus ist erklärlich, dass Halone, die Brom enthalten, löschfähiger sind als diejenigen, die nur Chlor enthalten; denn Brom spaltet sich erheblich leichter ab als Chlor. Da Fluorkohlenwasserstoffe ohne Brom und Chlor am stabilsten sind, sind sie auch am wenigsten löschfähig. Über diese allgemeine Aussage hinaus sind Vergleiche der Löschfähigkeit der einzelnen Halone allerdings sehr schwierig, weil die Halone nicht gegen alle brennbaren Stoffe die gleiche Löschwirkung zeigen; andererseits haben sich aber auch die in Laborversuchen ermittelten Werte über die Löschfähigkeit in Großversuchen nicht immer bestätigt. Als gesicherte Erkenntnis darf man jedoch annehmen, dass die Bromfluorkohlenwasserstoffe eine bessere Löschfähigkeit aufweisen als Chlorkohlenwasserstoffe oder Bromchlorkohlenwasserstoffe, bei denen nicht alle H-Atome durch Halogen-Atome substituiert sind.

Die für die Löschwirkung notwendige leichte Bildung sehr reaktiver Halogenradikale ist ebenfalls verantwortlich für das Ozon abbauende Potential dieser Verbindungsklasse, was letztendlich zum weitgehenden Verbot der technischen Verwendung dieser Verbindungsklasse geführt hat.

5.2 Verbot der Halone

Die »Verordnung zum Verbot von bestimmten, die Ozonschicht abbauenden Halogenkohlenwasserstoffen (FCKW-Halon-Verbots-Verordnung)« vom 8. Mai 1991 bestimmt, dass u. a. die Halone

Bromchlordifluormethan – Halon 1211
Bromtrifluormethan – Halon 1301
Dibromtetrafluorethan – Halon 2402

nicht mehr hergestellt, in den Verkehr gebracht oder verwendet werden dürfen, soweit sie mehr als 1 % dieser Stoffe enthalten. Das Verbot gilt seit dem 1. Januar 1992.

5.3 Ersatzstoffe für Halon

Da Halone vor allem im Bereich der Elektronik eine immer größere Bedeutung gewonnen hatten, ist es verständlich, dass die einschlägige Industrie nach Ersatzstoffen sucht. In diesem Zusammenhang muss man sich jedoch zunächst klar sein, dass die Löschwirkung der Halone auf einer homogenen Inhibition (siehe Kapitel 1.4.3) beruht. Es ist kein anderer Stoff bekannt, der – ohne umweltschädlich zu sein – den gleichen Effekt erzielen kann. Weiter ist daraus zu schließen, dass die hervorragende Löschwirkung der Halone (»kleine Menge = große Wirkung«) von keinem Ersatzstoff erreicht werden wird.

Als Ersatzstoffe kommen Kohlendioxid, Stickstoff und Argon in Frage. Diese Gase können sowohl in reiner Form als auch in Gemischen als Löschmittel eingesetzt werden. Die Löschwirkung dieser Gase beruht auf dem Sti-

Bild 32: INERGEN-Löschanlage – Flaschenbatterie (TOTAL Feuerschutz GmbH)

ckeffekt, also einer Sauerstoffverdrängung. Das bedeutet, dass mindestens 50 % des Brandraumvolumens als wirksame Löschmittelmenge benötigt wird.

Bekannt geworden ist ein Gasgemisch aus 40 % Argon, 52 % Stickstoff und 8 % Kohlenstoffdioxid, das unter der Bezeichnung INERGEN (MINIMAX) vertrieben wird. INERGEN ist für den stationären Bereich insbesondere gegen Brände in empfindlichen Anlagen geeignet und deckt damit den Anwendungsbereich der nicht mehr zugelassenen Halone im Wesentlichen ab. Besonders geeignet ist es also *z.* B. für Räume mit elektronischen Anlagen, Datenverarbeitung, medizinische Diagnose- und Therapiegeräte, aber auch im Bereich der chemischen Verfahrenstechnik und der Lagerung von brennbaren Flüssigkeiten (Bild 32).

Unabhängig von derartigen Alternativen wurden von verschiedenen Herstellern auch neue halogenierte Kohlenwasserstoffverbindungen zum Einsatz für Löschzwecke entwickelt. Diese Substanzen sind in ihrer Löschwirkung den früher verwendeten Löschhalonen teilweise ähnlich, jedoch wird diesen Neuentwicklungen kein Ozonschädigungspotenzial (ausgedrückt durch den ODP-Wert »Ozone-Depletion Potenzial«) zuerkannt. Als synthetisch hergestellte Gase tragen sie allerdings in unterschiedlichem Ausmaß zum so ge-

Tabelle 20: Vergleich der löschwirksamen Fluor-KW

Substanz (Markennahme)	Chemische Formel	Löschwirksame Konzentration (Vol.- %)* Cup-Burner n-Heptan	ODP	GWP	Atmosphärische Halbwertzeit
Halon 1301	CF_3Br	2,9–3,9	16		>110
FM200™[1]	C_3F_7H	6,6	0	2050	31–42
Fe-13	CHF_3	12–13	0	9000	280
Fe-36	$C_3F_6H_2$	5,9	0	6300	209
CEA 410	C_4F_{10}	5–5,9	0	5500	2600

* Die erforderliche Mindestauslegungskonzentration ist abhängig von der jeweiligen Brandlast und richtet sich nach den maßgeblichen Einrichtungsbestimmungen und den darin zu Grunde gelegten Sicherheitszuschlägen.

nannten Treibhauseffekt (ausgedrückt durch den GWP-Wert – »Global Warming Potenzial«) bei. Dieser ist in Relation zu anderen chemischen Löschmitteln bei FM 200™ niedrig (vergleiche Tabelle 20).

Die stoffspezifischen Eigenschaften hinsichtlich Löschwirkung und Humanverträglichkeit von FM 200™ kommen z. Zt. im Vergleich der Feuerlöschmittel dem Halon 1301 am nächsten. Eine ozonschädigende Wirkung tritt jedoch nicht auf, da FM 200™ weder Chlor noch Brom enthält.

FM 200™ (Heptafluorpropan) ist als Feuerlöschmittel in den Vereinigten Staaten und in vielen Ländern der EU, auch in der Bundesrepublik Deutschland, zugelassen. (WAGNER Alarm- und Sicherheitssysteme GmbH, 30853 Langenhagen).

Die Löschwirkung von FM 200™ beruht auf einem physikalischen und einem chemischen Prozess, der eine Unterbrechung der bei einer Verbrennung ablaufenden Oxidationsreaktion zwischen Brennstoff und Luftsauerstoff bewirkt.

In der Reaktionszone eines Brandes werden die FM 200™-Moleküle oberhalb von ca. 200 °C in kleinere Moleküle aufgespalten. Durch die dabei eintretende Vergrößerung des Gasvolumens wird die Sauerstoffkonzentration dort lokal reduziert und der Transport von Sauerstoff aus der umgebenden Atmosphäre zur Flamme verhindert. Gleichzeitig reagieren einige der entstehenden Spaltprodukte mit freien Sauerstoffradikalen und bilden mit diesen stabile Verbindungen, sodass dieser Sauerstoffanteil für den weiteren Verbrennungsprozess ebenfalls nicht mehr verfügbar ist.

Durch diese beiden Effekte werden der Sauerstoffgehalt und die Wärmeenergie der unmittelbaren Reaktionszone der Verbrennung letztlich soweit reduziert, dass die Oxidationsreaktion zwischen Brennstoff und Luftsauerstoff nicht mehr aufrechterhalten werden kann und ein Feuer schließlich erlischt.

Um die Wirksamkeit des Löschprozesses sicherzustellen, ist es erforderlich, dass die für die Löschung notwendige FM 200™-Konzentration in der Reaktionszone tatsächlich erreicht wird und dass FM 200™, welches im flüssigen Zustand gelagert wird, bei der Einbringung in den Schutzbereich vollständig in den gasförmigen Zustand übergeht.

Chemisches Reaktionsverhalten von FM 200™

Unter normalen Umgebungsbedingungen ist reines Heptafluorpropan als annähernd inert einzustufen. Im Hinblick auf chemische Umsetzung mit anderen Stoffen wird das Reaktionsverhalten von Heptafluorpropan mit demjenigen von Stickstoff verglichen.

Im Gegensatz zur Verwendung von Inertgasen ist beim Einsatz von halogenierten Kohlenwasserstoffen für Feuerlöschzwecke während des eigentlichen Löschvorgangs allerdings die Bildung geringer Mengen schädlich wirkender Substanzen grundsätzlich nicht auszuschließen. Beschränkt auf die Zeitdauer der eigentlichen Einwirkung des Löschmittels auf die Brandreaktionszone entstehen bei Einsatz von FM 200™ durch dessen Zersetzung geringe Mengen Wasserstofffluorid (HF). Daher gilt es, die Zeitdauer des Löschvorgangs durch eine schnelle Einbringung einer ausreichenden Löschgasmenge zu minimieren.

Einsatzgebiete für FM 200™-Installationen

FM 200™ ist unter den derzeit verfügbaren Alternativen das Löschmittel, das hinsichtlich seiner Löscheigenschaften dem früher eingesetzten Halon 1301 am nächsten kommt. Daher erfordert FM 200™ im Vergleich zu Halon 1301 nur etwa das 1,7-fache der einzusetzenden Löschmittelmenge und des Platzbedarfs zur Löschmittelbevorratung. Im Vergleich zu den Inertgasen ergibt sich hieraus ein deutlich geringerer Platzbedarf für die Löschmittelbevorratung.

Der Einsatz von FM 200™ bietet demnach primär dort entscheidende Vorteile, wo eine ausreichende Löschmittelbevorratung anderer Löschgase aus Platzgründen nicht realisiert werden kann.

In den USA, in Frankreich sowie in anderen Ländern wird FM 200™ bereits seit vielen Jahren erfolgreich als Löschmittel eingesetzt. In Deutschland ist FM 200™ für die Brandklassen A und B zur Verwendung in ortsfesten Löschanlagen zum Schutz von Räumen und umschlossenen Einrichtungen zugelassen.

Analog zu dem früher verwendeten Halon 1301 lässt sich FM 200™ vor allem in folgenden Anwendungsbereichen einsetzen:

- EDV-Bereiche und Betriebsräume von Telekommunikationseinrichtungen,
- Internet-Server/Netzprovider,
- elektrische Schalt- und Verteilerräume,
- stark automatisierte Fertigungsbereiche und Lager,
- Schutzbereiche, in denen unwiederbringliche Güter gelagert werden (z. B. Datenarchive, Bibliotheken oder Museen),
- Schienenverkehr, Schifffahrt und Luftverkehr.

Die wesentlichen Vorteile von FM 200™

- Im Vergleich zu Inertgasen sind nur geringe löschwirksame Einsatzkonzentrationen erforderlich, dadurch vergleichsweise geringer Platzbedarf zur Löschmittelbevorratung.
- Elektrisch nicht leitfähig, daher auch bei elektrischen Einrichtungen einsetzbar.
- Nicht korrosiv, im Löscheinsatz sauber und rückstandsfrei.
- Kein nennenswerter Abkühlungseffekt an im Schutzbereich befindlichen technischen Einrichtungen, sondern Abkühlung nur punktuell am eigentlichen Brandort.
- Für im Löschbereich bei Flutung anwesende Personen nicht akut gesundheitsgefährdend, da FM 200™ in üblicher Löschkonzentration nicht toxisch wirkt; trotzdem sollten die Löschbereiche zügig verlassen werden.
- In Einzelfällen können noch vorhandene Leitungsinstallationen ehemaliger Halonlöschanlagen nach Prüfung und Austausch der Löschdosen verwendet werden.

OxyReduct®

OxyReduct® ist im eigentlichen Sinne kein Löschmittel. Vielmehr dient es dazu, in bestimmten Räumen, insbesondere in Räumen mit empfindlichen elektrischen bzw. elektronischen Anlagen oder auch in der Lebensmittelindustrie den Sauerstoffgehalt der Luft unter die für die Verbrennung erforderliche Konzentration herabzusetzen. Bei einer Sauerstoffreduktion auf 15 Vol.-% können die meisten brennbaren Stoffe nicht mehr gezündet werden.

Inzwischen ist eine Reihe von Rechenzentren und sonstigen IT-Anlagen bereits mit dem OxyReduct®-System ausgestattet. OxyReduct® wird von der Firma WAGNER, Langenhagen, angeboten.

6 Kohlenstoffdioxid (Kohlensäure)

6.1 Allgemeines

Die Bezeichnung Kohlensäure für Kohlenstoffdioxid ist zwar sehr geläufig, im chemischen Sinne aber nicht korrekt. Kohlensäure ist eine nur in wässriger Lösung existierende Säure, die durch Lösen von Kohlenstoffdioxid in Wasser nach der Formel

$$CO_2 + H_2O \rightarrow H_2CO_3$$

entsteht. Wenn man von Kohlensäure spricht, meint man aber meistens nicht diese schwache Säure, sondern das Anhydrid, nämlich das Kohlenstoffdioxid. Als technische Bezeichnung ist dieser falsche Name allerdings sehr verbreitet. In den folgenden Abschnitten wird, um eine klare Aussage zu ermöglichen, nur die Bezeichnung Kohlenstoffdioxid verwendet. Auch die Norm DIN EN 3 verwendet die Bezeichnung Kohlenstoffdioxid.

Geschichtliches

Theophrastus Bombastus von Hohenheim (1493–1541), der als *Paracelsus* in die Geschichte eingegangen ist, kannte schon eine »besondere Luftart«, die bei Gärprozessen und auch beim Kalkbrennen auftrat. Etwa 70 Jahre später führte der belgische Wissenschaftler *van Helmont* (1577–1644) den Begriff »Gas« ein und beschrieb u. a. auch das Kohlenstoffdioxid als eines der derzeit bekannten Gase. Der Franzose *Antoine Laurent Lavoisier* (1743–1794), der die Phlogistontheorie* endgültig widerlegte und als erster die richtige Deutung der Verbrennung gab, erkannte, dass Kohlenstoffdioxid ein Verbrennungsprodukt des Kohlenstoffs ist.

Den Engländern *Michael Faraday* (1791–1867) und Sir *Humphry Davy* (1778–1829) gelang 1823 erstmalig die Verflüssigung von Kohlenstoffdioxid. Im letzten Viertel des vorigen Jahrhunderts waren es *Gautsch, Berber, Fresenius* und andere, die das Kohlenstoffdioxid als Löschmittel einführten. Be-

* Theorie, nach der jeder brennbare Stoff einen materiellen Bestandteil als eine Art Agens – treibende Kraft – enthalte, die ihm die Eigenschaft »brennbar« verleihe, nämlich das Phlogiston.

reits in den Jahren 1877 und 1878 wurden Patente auf Verfahren erteilt, nach denen das in einem Apparat durch Einwirkung von Säuren auf Carbonate entwickelte Kohlenstoffdioxid zur Feuerbekämpfung dienen sollte. Aber schon 1875 hatte der amerikanische Chemiker *Walther N. Hill* in einer Broschüre die Verwendung von unter Druck verflüssigtem CO_2 als Löschmittel gegen Brände in Lagerräumen von Schiffen vorgeschlagen und ein entsprechendes Verfahren beschrieben. 1883 erhielt *Carl Mönch* das Patent Nr. 28 073 mit dem Titel »Einrichtung zum Löschen von Feuer mittels komprimierter Kohlensäure ohne Einwirkung von Wasser«.

Von einer erfolgreichen Anwendung des verflüssigten Kohlenstoffdioxids wird 1890 berichtet. Ein Dampfer, der Baumwolle für einen deutschen Hafen geladen hatte, war mit einem Brand im Laderaum in den Hafen von Rotterdam eingelaufen. Dort ließ der Kapitän, um die Ladung nicht durch Wassereinwirkung zu schädigen, eine entsprechende Anzahl von CO_2-Flaschen heranschaffen und in den Laderaum mit der glimmenden Baumwolle entleeren. Danach wurden die Ladeluken luftdicht verschlossen und die Fahrt fortgesetzt. Bei der Ankunft im Bestimmungshafen konnte festgestellt werden, dass der Brand inzwischen erloschen war. Um die Jahrhundertwende entwickelte die Firma *Siemens und Halske* erstmalig eine ortsfeste CO_2-Löschanlage zum Schutz von Räumen, bei der das Kohlenstoffdioxid durch Einwirkung von Schwefelsäure aus Pottasche erzeugt wurde.

Etwa gleichzeitig beschrieb Dr. E *Lohmann* eine aus einer CO_2-Flaschenbatterie bestehende ortsfeste Löschanlage mit gemeinsamer Rohrleitung, durch die das flüssige Kohlenstoffdioxid zu den zu schützenden Räumen geleitet wurde. Die verzweigten Enden der Leitung waren mit Schmelzverschlüssen versehen, die das Kohlenstoffdioxid bei einem Brande automatisch freigaben. Gleichzeitig wurde auch eine Pfeife betätigt, die als Alarmsignal das Ausströmen des Kohlenstoffdioxids und damit den Ausbruch des Brandes anzeigen sollte. Nach diesem Grundprinzip arbeiten – mit entsprechenden Verfeinerungen – auch die heutigen ortsfesten CO_2-Anlagen noch.

Lange Zeit verwendete man das Kohlenstoffdioxid im Gemisch mit anderen gasförmigen oder auch festen Löschmitteln (z. B. Löschpulver). In den 30er Jahren unseres Jahrhunderts erlebt das Kohlenstoffdioxid einen gewaltigen Aufschwung in der Verwendung sowohl in Feuerlöschern wie auch in ortsfesten Löschanlagen (so genannten CO_2-Flaschenbatterien). Erst nach dem Zweiten Weltkrieg beschritt man mit den Tiefkühlanlagen einen neuen Weg in der CO_2-Vorratshaltung für Löschzwecke, der einen vorläufigen Abschluss in der Entwicklung dieses Löschverfahrens darstellt.

6.2 Eigenschaften

Kohlenstoffdioxid (CO_2) ist ein farbloses, geruchloses Gas, das leicht säuerlich schmeckt. Bei Normaltemperatur (20 °C) lässt sich CO_2 durch einen Druck von etwa 57,4 bar zu einer farblosen, leichtbeweglichen Flüssigkeit verflüssigen.

6.2.1 Chemische Eigenschaften

Kohlenstoffdioxid ist das Oxidationsprodukt des Kohlenstoffs. Es entsteht bei der vollkommenen Verbrennung des Kohlenstoffs. 1 kg C ergibt 1,86 m^3 CO_2 im Normalzustand. CO_2 kommt in der Luft zu etwa 0,03 % vor. Die gesamte irdische Lufthülle enthält etwa $2{,}3 \cdot 10^{12}$ t CO_2, in den Ozeanen befinden sich etwa $1{,}4 \cdot 10^{14}$t CO_2, die teils in Wasser gelöst und teils in Carbonaten gebunden sind. Durch die Pflanzenwelt (Assimilation) werden der Luft im Jahre etwa 60 Milliarden t CO_2 entzogen. Etwa die gleiche Menge wird von Menschen, Tieren und Mikroorganismen (Dissimilation) wieder freigegeben. Unter Normalbedingungen befinden sich also Verbrauch und Abgabe von CO_2 im Gleichgewicht. Durch gesteigerte Verbrennung von Kohle, Erdöl und Erdgas im industriellen Bereich kann dieses Gleichgewicht jedoch auch gestört werden. Bei vielen industriellen Prozessen bilden sich große Mengen CO_2, z. B. beim Kalkbrennen, in Sodafabriken, in Brauereien usw.

Gewonnen wird CO_2 meistens aus den Verbrennungsgasen von Generatorgas aus Koks, die etwa 16 bis 18 % CO_2 enthalten. Diese Gase werden in Waschtürmen von Staub und Schwefeldioxid befreit und durch Pottasche gepresst, wobei nach der Gleichung

$$K_2CO_3 + H_2O + CO_2 \rightarrow 2\ KHCO_3$$

Kaliumhydrogencarbonat entsteht. Durch Erwärmung wird das CO_2 wieder freigesetzt und in Kompressoren verflüssigt, wobei ein Reinheitsgrad bis zu 99,9 % erreicht wird.

CO_2 löst sich leicht in Wasser. 1 Liter Wasser löst rund 1 Liter CO_2-Gas bei 15 °C und Normaldruck.

Die Wasserlöslichkeit von CO_2 ist vom Druck und von der Temperatur abhängig.

Bei Normaldruck (1013 hPa) nehmen 1000 g Wasser bei

0 °C	3,346 g CO_2
10 °C	2,318 g CO_2
20 °C	1,688 g CO_2

30 °C	1,257 g CO_2
40 °C	0,973 g CO_2
50 °C	0,761 g CO_2
60 °C	0,576 g CO_2 auf.

Mit Erhöhung des Druckes steigt die Löslichkeit von CO_2 in Wasser stark an und beträgt z. B. bei 40 bar etwa das 25fache, bei 60 bar das 55fache und bei 100 bar etwa das 70fache der Löslichkeit bei 1 bar. Bei der Lösung von CO_2 in Wasser entsteht nach der Gleichung

$$H_2O + CO_2 \rightarrow H_2CO_3$$

Kohlensäure, allerdings nur in äußerst geringer Konzentration. Unter Druck in Wasser gelöstes CO_2 entweicht nach Entlastung des Druckes wieder (z. B. beim Öffnen einer Sprudel- oder Sektflasche).

Kohlenstoffdioxid ist gegen höhere Temperaturen ziemlich beständig. Erst ab etwa 1500 °C beginnt eine langsame Zersetzung nach der Gleichung

$$2\ CO_2 \rightarrow 2\ CO + O_2$$

in Kohlenmonoxid und Sauerstoff.

Bei Temperaturen über 1500 °C steigert sich die Dissoziation (Zersetzung) bei Normaldruck wie in Tabelle 21 dargestellt.

Tabelle 21: Zersetzung von Kohlenstoffdioxid

Temperatur °C	Zersetzung in % (abgerundet)
1600	3
1800	4
2000	7
2200	15
2400	40
2600	52
2800	60
3000	75
3200	85
3400	90
3600	94
4000	98
4500	100

Kohlenstoffdioxid ist verhältnismäßig reaktionsträge. Mit starken Basen verbindet es sich jedoch sehr heftig unter Bildung von Carbonaten, z. B. nach der Gleichung

$CaO + CO_2 \rightarrow CaCO_3$.

Bei hoher Temperatur wird Kohlenstoffdioxid von bestimmten Metallen (z. B. Magnesium, Calcium, Zink) zu Kohlenstoff reduziert nach der Gleichung

$CO_2 + 2\,Mg \rightarrow 2\,MgO + C$.

Deshalb kann z. B. Magnesium ohne Sauerstoffzufuhr allein in einer CO_2-Atmosphäre brennen.

6.2.2 Physikalische Eigenschaften

Normallitergewicht	1,9771 g
Relative Dichte (Luft = 1)	1,529
Dichte des flüssigen CO_2 (20 °C)	0,766 kg/l
Dichte des festen CO_2	1,53 kg/l
Schmelzpunkt	–56,6 °C bei 5,18 bar
Siedepunkt (Sublimationspunkt)	–78,48 °C bei 1013 hPa
Kritische Temperatur	31,4°C
Kritischer Druck	73,6 bar
Kritisches Volumen	0,464 l/kg

Kohlenstoffdioxid ist ein reales Gas, das ein vollkommen anderes Verhalten hinsichtlich des Druckes, des Volumens, der Zustandsänderung usw. zeigt, als z. B. Sauerstoff oder Stickstoff. Diese Gase gehorchen weitgehend dem Vereinigten Gasgesetz.

$$\frac{V \cdot p}{T} = \text{konst.}$$

Alle bisherigen Versuche, CO_2 exakt zu berechnen *(Plank-Kuprianoff, Thoma)*, führten zu Gleichungen, die mit – wenn auch geringen – Fehlwerten behaftet sind. CO_2 ist also – so könnte man sagen – ein sehr »eigenwilliger Stoff«. Die Zustandsformen des Kohlenstoffdioxids bei gegebenen Temperaturen und Drücken gehen aus Bild 33 – Phasendiagramm-CO_2 – hervor. Aus diesem Diagramm ist zu ersehen, dass das CO_2 sowohl vom festen (Sublimieren) als auch vom flüssigen (Verdampfen) Aggregatzustand in Gasform übergehen kann (siehe Tabellen 22 und 23). Die flüssige Phase ist nur in einem bestimmten Druck- und Temperaturbereich existent.

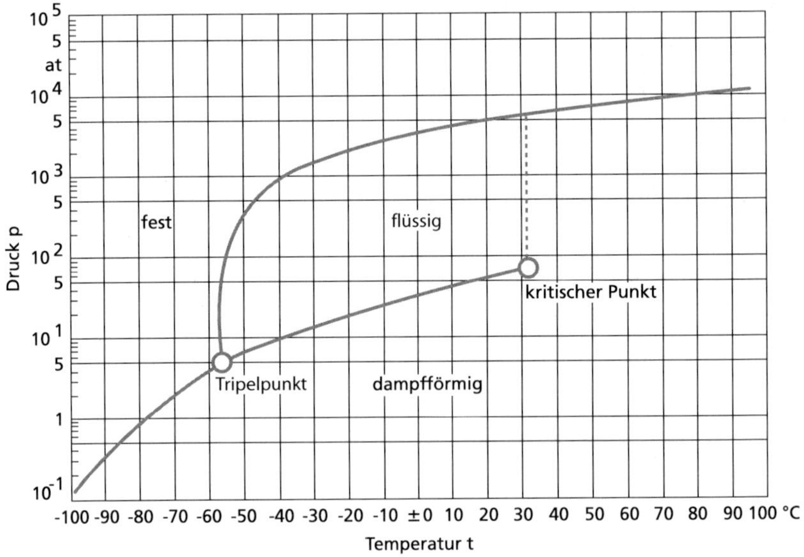

Bild 33: CO_2-Phasendiagramm

In Gasflaschen kommt CO_2 praktisch nur als verflüssigtes Gas vor. Der Druck in der Flasche ist abhängig von der Temperatur und dem Füllgrad (siehe auch Isochoren-Diagramm, Bild 34). Der höchstzulässige Füllgrad ist in der Bundesrepublik Deutschland 0,75 kg/l.

Der Füllgrad (auch Füllfaktor oder spez. Volumen genannt) wird meistens in der Einheit kg/l angegeben, da im Allgemeinen das Flaschenvolumen gegeben ist, die Füllung jedoch zu berechnen ist; es ist also die Frage zu stellen, wie viel CO_2 in eine Flasche bestimmter Größe eingefüllt werden darf. Manchmal findet man jedoch auch die Angabe des Füllgrades in der Einheit l/kg (das wäre beim obengenannten Füllgrad der reziproke Wert von 0,75, also 1,34). Aus Kohlenstoffdioxidflaschen kann das CO_2 entweder gasförmig oder flüssig entnommen werden.

Zur gasförmigen Entnahme lässt man das CO_2 direkt aus dem Gasraum der Flasche über ein Ventil ausströmen. In der CO_2-Flasche befindet sich oberhalb des Flüssigkeitsspiegels ein Gasraum, dessen Volumen vom Füllgrad und der Temperatur abhängig ist. Der Druck im Gasraum steht mit dem Druck der Flüssigkeit im Gleichgewicht. Daher wird jeweils soviel CO_2-Gas aus der Flüssigkeit nachgeliefert, wie aus der Düse ausströmt. Die Zustandsgrößen der einzelnen Phasen sind aus den Tabellen 22 und 23 zu ersehen.

Tabelle 22: CO_2-Dampftabelle flüssig-gasförmig

Temperatur °C	Druck kg/cm²	Druck bar	Spez. Volumen flüssig l/kg	Spez. Volumen Dampf l/kg	Dichte flüssig kg/m³	Dichte Dampf kg/m³
31	74,96	73,51	2,156	2,156	463,9	463,9
30	73,34	71,92	1,677	2,990	596,4	334,4
25	65,59	64,32	1,417	4,167	705,8	240,0
20	58,46	57,33	1,298	5,258	770,7	190,2
15	51,93	50,93	1,223	6,323	817,9	158,0
10	45,95	45,06	1,166	7,519	858,0	133,0
5	40,50	39,72	1,120	8,850	893,1	113,0
0	35,54	34,85	1,081	10,383	924,8	96,3
– 5	31,05	30,45	1,048	12,141	953,8	82,4
–10	26,99	26,47	1,019	14,194	980,8	70,5
–15	23,34	22,89	0,994	16,609	1006,1	60,2
–20	20,06	19,67	0,971	19,466	1029,9	51,4
–25	17,14	16,81	0,950	22,885	1052,6	43,8
–30	14,55	14,27	0,931	27,001	1074,2	37,0
–35	12,26	12,02	0,913	32,008	1094,9	31,2
–40	10,25	10,05	0,897	38,164	1115,0	26,2
–45	8,49	8,33	0,881	45,809	1134,5	21,8
–50	6,97	6,84	0,867	55,407	1153,5	18,1
–55	5,66	5,55	0,853	67,620	1172,1	14,8
–56,6	5,28	5,18	0,849	72,220	1177,9	13,8

Solange sich noch flüssiges CO_2 in der Flasche befindet, entspricht der Druck des über der Flüssigkeit befindlichen Dampfes dem so genannten »Sättigungsdruck« (vgl. CO_2-Dampftabelle). Da der Sättigungsdruck des Dampfes nur von der Temperatur, nicht aber von der Menge der jeweils noch vorhandenen Flüssigkeit abhängt, kann der Inhalt einer CO_2-Flasche auch nicht einfach durch Messen des Druckes, wie z. B. bei Sauerstoff- oder Pressluftflaschen, festgestellt werden, sondern ausschließlich durch Wiegen der ganzen Flasche (Gewicht der CO_2-Füllung = Gesamtgewicht abzüglich Leergewicht der Flasche). Soll das CO_2 flüssig entnommen werden, wie es bei CO_2-Schnee-

Tabelle 23: CO_2-Dampftabelle fest-gasförmig

Temperatur °C	Druck		Spez. Volumen		Dichte	
	kg/cm²	bar	flüssig l/kg	Dampf l/kg	flüssig kg/m³	Dampf kg/m³
– 56,6	5,28	5,18	0,661	72,22	1512,4	13,84
– 60	4,18	4,10	0,657	91,15	1521,9	10,97
– 65	2,93	2,87	0,652	129,26	1534,6	7,74
– 70	2,02	1,98	0,647	185,39	1546,1	5,39
– 75	1,37	1,34	0,643	269,45	1556,5	3,71
– 78,9	1,00	0,981	0,640	365,12	1564,0	2,74
– 80	0,914	0,896	0,639	397,85	1566,1	2,51
– 85	0,596	0,584	0,635	598,13	1574,8	1,672
– 90	0,379	0,372	0,632	920,06	1582,2	1,087
– 95	0,236	0,231	0,629	1442,4	1588,9	0,693
–100	0,142	0,139	0,627	2336,1	1595,2	0,428

löschern notwendig ist, ist in die Flaschen ein Steigrohr eingebaut. In diesem Falle tritt das CO_2 über das Steigrohr flüssig aus. Eine Drosselung der Strömung und ein Schneerohr (»Expansionsrohr«) bewirken dann die Schneebildung. In diesem Falle dehnt sich das CO_2 ohne Wärmeausgleich aus (adiabatische Expansion). Im Schneerohr wird der Zutritt von Wärme und Luft weitgehend verhindert. Im Idealfall müsste sich in einer reinen CO_2-Atmosphäre eine Temperatur des festen Kohlenstoffdioxids von –78,5 °C einstellen. Der Zutritt von Luft verschiebt jedoch die Gleichgewichtstemperatur, sodass erheblich niedrigere Temperaturen (bis etwa –100 °C) auftreten können.

Die Verflüssigung des Gases ist nur bis zum kritischen Punkt möglich. Diesen kritischen Punkt muss man sich folgendermaßen vorstellen: Füllt man z. B. einen luftleeren Behälter bis zur Hälfte mit einer Flüssigkeit, so würde sich oberhalb des Flüssigkeitsspiegels so lange Dampf bilden, bis ein dynamisches Gleichgewicht hergestellt ist. Die Flüssigkeit steht nun unter ihrem eigenen Dampfdruck, dem so genannten Sättigungsdruck. Erwärmt man die Flüssigkeit, entsteht mehr Dampf, sodass die Dampfdichte in gleichem Maße zunimmt, wie die Flüssigkeitsdichte abnimmt. Bei weiterer Erwärmung wird ein Punkt erreicht, bei dem die Dichte des Dampfes der Dichte der Flüssigkeit gleich ist. Es besteht jetzt kein Unterschied mehr zwischen Flüssigkeit und Dampf. Die Temperatur, bei der dieser Zustand eintritt, ist

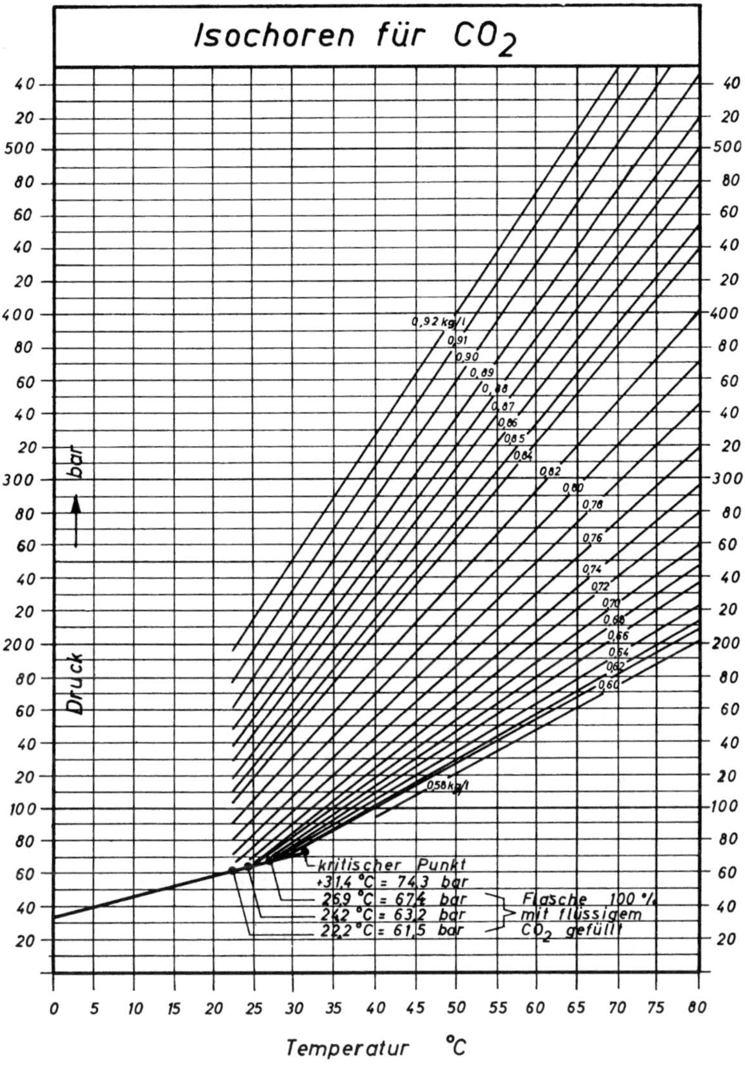

Bild 34: Isochoren-Diagramm

die kritische Temperatur. Der bei der kritischen Temperatur herrschende Druck ist der kritische Druck und das entsprechende Volumen das kritische Volumen. Da die Volumina von Gas und Flüssigkeit bei der kritischen Temperatur gleich groß sind, bedeutet das praktisch, dass eine Verflüssigung ober-

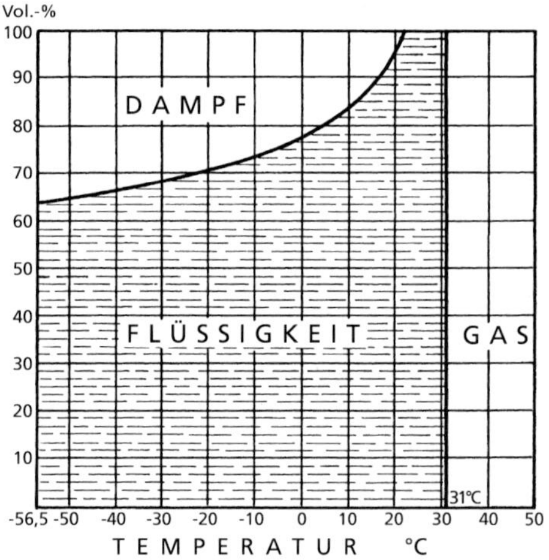

Bild 35: Volumen des flüssigen Kohlenstoffdioxids in % des Flaschenvolumens in Abhängigkeit von der Temperatur für den Füllgrad 0,75 kg/l

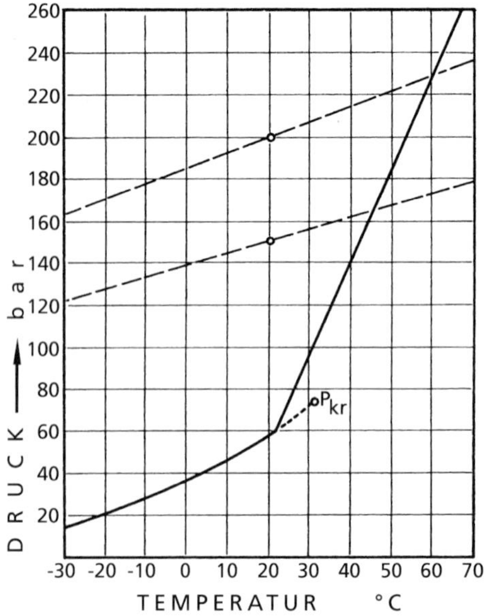

Bild 36: Druckverlauf in einer CO_2-Flasche bei einem Füllgrad von 0,75 kg/l in Abhängigkeit von der Temperatur. Zum Vergleich (gestrichelte Linien): Druckverlauf bei »idealen« Gasen (Sauerstoff, i Pressluft usw.) mit einem Fülldruck von 150 bzw. 200 bar bei 20 °C.

halb dieser Temperatur nicht mehr möglich ist. Kein Druck würde ausreichen, um das Gas oberhalb der kritischen Temperatur flüssig zu halten. Der Druck in CO_2-Flaschen ist, wie aus dem Bild 34 hervorgeht, nicht nur von der Temperatur, sondern in besonders hohem Maße vom Füllgrad abhängig.

Bei dem höchstzulässigen Füllgrad von 0,75 kg/l entspricht der Druck in der CO_2-Flasche bereits von 22 °C an nicht mehr den Tabellenwerten für den Sättigungsdruck, da von dieser Temperatur an bereits das gesamte Flaschenvolumen von der flüssigen Phase ausgefüllt wird (vgl. Bild 35). Die Druckkurve (Bild 36) macht daher bei dieser Temperatur einen scharfen Knick und geht in einen steil ansteigenden Kurventeil über, der bei 65 °C bereits den vorgeschriebenen Flaschenprüfdruck von 250 bar erreicht. Höhere Temperaturen bewirken daher bei CO_2-Flaschen, wie auch ganz allgemein bei allen anderen unter Druck verflüssigten Gasen, wesentlich stärkere Drucksteigerungen als bei den »idealen« Gasen, wie z. B. Sauerstoff, Stickstoff, Wasserstoff usw. Daher müssen CO_2-Flaschen (ebenso alle sonstigen Druckgasbehälter mit verflüssigten Gasen) unbedingt vor zu hohen Umgebungstemperaturen geschützt werden. Für CO_2-Flaschen mit normalem Füllgrad gilt eine Temperatur von 65 °C als obere Grenze.

6.2.3 Physiologische Eigenschaften

Im menschlichen Körper entsteht als Endprodukt verschiedener Oxidationsvorgänge Kohlenstoffdioxid, das aus den Geweben über das Blut in die Lungenbläschen transportiert wird und infolge des höheren Partialdrucks zur Ausatmung gelangt. Die Ausatmung von CO_2 wird behindert, wenn in der Einatemluft der normale CO_2-Gehalt von etwa 0,03 % überschritten wird. Der CO_2-Gehalt des Blutes ist ein Regulator für die Atemtiefe und Atemfrequenz. Ein leichter Anstieg des CO_2-Gehaltes wird durch das Atemzentrum selbständig durch Steigern der Atemfrequenz und -tiefe kompensiert. Höhere Konzentrationen führen jedoch zu erheblichen Störungen und wirken lebensbedrohend, wenn sie höher sind als der normale CO_2-Gehalt des Blutes von etwa 5,6 %. Da dann kein CO_2-Partialdruckgefälle von innen nach außen mehr besteht, ist das Atem-Zentrum nicht mehr in der Lage, den erhöhten CO_2-Gehalt auf den Normalwert abzubauen. Die nachstehend aufgeführten Werte geben eine ungefähre Übersicht über die Wirkung des CO_2:

Konzentration in der Atemluft (Vol.- %):	Wirkung
3 bis 4	Erkennbare Steigerung der Atemfrequenz, leichtes Unbehagen
5 bis 6	bei *langsamer Steigerung auf diese Konzentration:* Unwohlsein, Kopfschmerz, Unruhe, etwa 20 min. erträglich, ohne weitere Schäden

	bei *schnellem Anstieg auf diese Konzentration:* hämmernde Kopfschmerzen, Ohrensausen, Atemnot, Schweißausbruch, Ohnmacht.
6 bis 8	je nach dem, wie schnell die Konzentration ansteigt, sind die vorgenannten Symptome zu erkennen: Ohnmacht, Krämpfe, Atemstillstand können eintreten,
über 8	bei schnellem Anstieg auf diese Konzentration ist innerhalb kurzer Zeit mit Atemstillstand zu rechnen,
über 30	führen innerhalb von Sekunden zur Bewusstlosigkeit und nach wenigen Minuten zum Tod.

Bei leichten CO_2-Vergiftungen genügt es im Allgemeinen, den Verletzten an die frische Luft zu bringen, wo er sich normalerweise schnell wieder erholt. Chronische Erkrankungen durch CO_2-Vergiftungen sind nicht bekannt. Der MAK-Wert ist 5000 ppm und damit der höchste Wert, der überhaupt in MAK-Tabellen vorkommt.

Neben der Wirkung von CO_2 als Atemgift ist noch zu erwähnen, dass das feste Kohlenstoffdioxid (Kohlenstoffdioxidschnee – auch Trockeneis genannt) bei längerem Kontakt mit der Haut »Verbrennungen« hervorruft.

6.3 Löschwirkungen

Kohlenstoffdioxid hat praktisch nur eine Stickwirkung. Da Kohlenstoffdioxid etwa 1,5 mal schwerer ist als Luft, breitet es sich vom Boden her über einen Flammenbrand aus und verhindert den Zutritt von Sauerstoff. Die Kühlwirkung auch des Kohlenstoffdioxidschnees ist nicht von Bedeutung, weil die spez. Kühlleistung (siehe Kapitel 1.4) sehr gering ist. Kohlenstoffdioxidschnee hat zwar eine Sublimationswärme von annähernd 140 kcal/kg (586 kJ/kg), jedoch verläuft die Sublimation so langsam, dass eine nennenswerte Kühlwirkung nicht auftritt. Diese Tatsache ist leicht zuerkennen, wenn man einmal beobachtet, wie lange es dauert, bis z. B. eine Handvoll CO_2-Schnee gasförmig geworden ist, sich also verflüchtigt hat.

Eine antikatalytische Löschwirkung ist offenbar nicht vorhanden und nach den heutigen Erkenntnissen auch nicht anzunehmen.

Um eine ausreichende Stickwirkung zu erreichen, muss der Sauerstoffgehalt der Luft im Allgemeinen auf mindestens 15 % herabgesetzt werden. Hierzu ist eine CO_2-Konzentration von etwa 30 % erforderlich. Bei 20 °C ergibt 1 kg Kohlenstoffdioxid im entsprechenden Zustand 550 Liter Gas.

Der für ortsfeste Löschanlagen erforderliche CO_2-Bedarf ist in den Richtlinien der Sachversicherer festgelegt.

6.4 Einsatzbereiche und -grenzen

Kohlenstoffdioxid ist das sauberste Löschmittel, d. h. es ist ein Löschmittel, das keine Rückstände hinterlässt. Aus dieser Feststellung ergibt sich der Einsatzbereich des Kohlenstoffdioxids. Es ist also vornehmlich einzusetzen bei Bränden, bei denen mit anderen Löschmitteln zu großer Schaden angerichtet würde. Wirksam ist das Kohlenstoffdioxid nur bei Bränden der Brandklassen B und C. Die Stickwirkung des Kohlenstoffdioxids kommt praktisch nur in Räumen zur Geltung. Im Freien lassen sich wirksame Konzentrationen nur schwer erzeugen, da es zu schnell verfliegt. CO_2 kommt in drei Arten zum Einsatz, nämlich als

- CO_2-Schnee,
- CO_2-Nebel und
- CO_2-Gas.

Kohlenstoffdioxidschnee wird in der so genannten Schneedüse erzeugt (siehe auch Kapitel 6.2.2). Etwa 30 % der Füllmenge einer CO_2-Flasche können in Schneeform überführt werden. Die Wirkung des Löschgerätes ist jedoch nicht davon abhängig, dass möglichst viel Schnee erzeugt wird, sondern vielmehr davon, dass der Schnee in möglichst kleinen Kristallen auftritt. Große Schneeflocken liegen zu lange auf der brennenden Flüssigkeit, ohne zu vergasen. Bei den handelsüblichen Schneelöschern tritt etwa 10 bis 15 % der Füllmenge als Schnee aus. CO_2-Schnee eignet sich besonders zum Löschen kleinerer Brände von Stoffen der Brandklasse B.

Kohlenstoffdioxidnebel ist als Weiterentwicklung des Kohlenstoffdioxidschnees anzusehen. Aus der Erkenntnis heraus, dass die Feinheit des Schnees (also das Verhältnis von Oberfläche zur Masse) ein wesentlicher Faktor für die Löschwirkung ist, wurde eine Nebeldüse geschaffen, die ein Gemisch von feinstem Schnee und Gas ermöglicht. Die Nebeldüse ist praktisch ein verkürztes Schneerohr, das mit einem feinen Sieb versehen ist. Das Sieb verhindert die Bildung bzw. das Austreten grober CO_2-Stücke.

CO_2-Nebel (auch CO_2-Aerosol genannt) hat den gleichen Anwendungsbereich wie CO_2-Schnee. Die gute Handlichkeit der Düse (im Gegensatz zum großen Schneerohr) und der sehr weich austretende Löschstrahl machen das Gerät geeignet zur Verwendung in Labors, Apotheken usw. Auch für empfindliche elektrische Anlagen (Telefonrelais usw.) sowie in Spinnereien, Lackfabriken u. ä. sind CO_2-Nebellöscher zu empfehlen.

Kohlenstoffdioxidgas entsteht beim freien Ausströmen des Gases aus einer Gasdüse. Das Gas tritt mit vollem Flaschendruck (bei 20 °C etwa 57 bar) aus. Aufgrund der hohen Austrittsgeschwindigkeit eignet sich das CO_2-Gas insbesondere zum Löschen von Gasbränden. Bei Flüssigkeitsbränden ist die Löschwirkung geringer als beim Schnee oder Nebel.

Bild 37: Tokita-Behälter – CO_2-Niederdruckanlage (TOTAL Feuerschutz GmbH)

Bild 38: CO_2-Löschgerät – K 60 (TOTAL Feuerschutz GmbH)

Darüber hinaus besteht bei Flüssigkeitsbränden die Gefahr, dass die Flüssigkeit durch den scharfen Gasstrahl aus dem Behälter herausgeschleudert wird. Als *Feuerlöscher werden* CO_2-Geräte in den Größen 2 kg und 5 kg (in Sonderfällen auch Zwischengrößen) gebaut. Auf Karren oder Anhänger montiert werden vornehmlich 12-, 20-, 30-, 60-, 120 und. 180-kg-Geräte angeboten, die als 1-, 2-, 4-, 6-oder 8-Flaschen-Geräte konstruiert sind.

Im *ortsfesten Bereich* wird CO_2 in kleinen Anlagen mit 3, 7 oder 10 Flaschen (im Allgemeinen je 30 kg Inhalt) oder in großen Anlagen mit 20, 40 oder 80 Flaschen (so genannte Flaschenbatterien) verwendet. Durch Zusammenschaltung mehrerer Flaschenbatterien kann praktisch jeder CO_2-Bedarf gedeckt werden. Bei größeren Anlagen (ab etwa 4 000 kg) ist jedoch die Lagerung in tiefgekühlten Behältern wirtschaftlicher (Bilder 37 bis 39).

Im ortsfesten Bereich können über die drei genannten Düsen hinaus weitere Spezialdüsen, wie z. B. Nachströmdüsen, Schleierdüsen usw., eingesetzt werden (Bild 40). (Hierzu siehe auch Heft 35 aus der Reihe »Die Roten Hefte«, Kohlhammer-Verlag.)

Die *Einsatzgrenzen des Kohlenstoffdioxids* sind zunächst einmal bedingt durch die mangelnde Kühlwirkung dieses Löschmittels. Bei Glutbränden ist CO_2 unwirksam. Ebenso ist es wenig wirksam bei Bränden im Freien, weil hier die notwendige CO_2-Konzentration von etwa 30 % kaum erreicht wer-

Bild 39: Flutung einer Werkhalle mit CO_2 (TOTAL Feuerschutz GmbH)

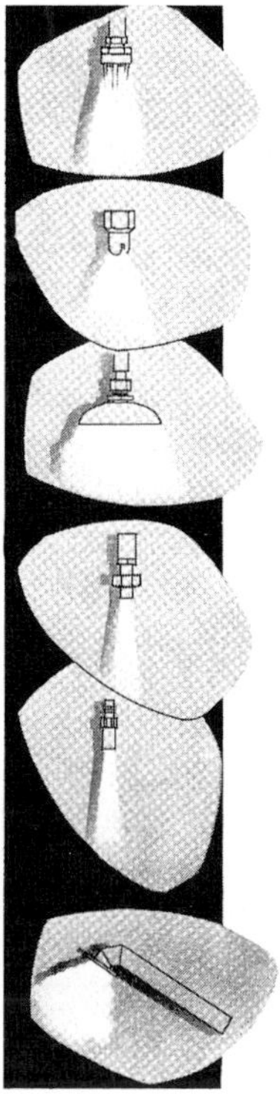

CO_2-Gasdüse, voller Gasstrahl

CO_2-Schleierdüse, scharfer CO_2-Schleier

CO_2-Nebeldüse, voller, breiter Nebelstrahl

CO_2-Einschraubdüse, scharfer Vollstrahl (Gas)

CO_2-Nachströmdüse, voller Vollstrahl (Gas)

CO_2-Schneerohr, sanfter Nebel-Schnee-Strahl

Bild 40: Verschiedene CO_2-Löschdüsen (TOTAL Feuerschutz GmbH)

den kann. Allenfalls bei Gasbränden kann mit entsprechend großen Düsen u. U. auch im Freien ein Erfolg erzielt werden.

Erhebliche Schwierigkeiten bestehen auch, wenn bei Bränden von Flüssigkeiten die Behälterwände oder sonstige Teile schon erheblich erhitzt sind. Es kommt dann dauernd zu gefährlichen Rückzündungen, weil eine Abkühlung dieser Teile durch CO_2 nicht erfolgt.

Die mangelnde Kühlwirkung kann sich auch bei brennenden Flüssigkeiten mit hohem Flammpunkt negativ auswirken, weil hier keine Abkühlung der Flüssigkeit unter ihren Flammpunkt eintritt.

Beim Einsatz von CO_2 in Räumen muss umluftunabhängiger Atemschutz getragen werden, wenn eine Konzentration von mehr als 6 % zu erwarten ist. Da die löschwirksame Konzentration erheblich höher liegt, ist in kleinen Räumen, Schächten, Kanälen usw. der Einsatz von Atemschutz grundsätzlich erforderlich.

Wird CO_2 in noch nicht brennenden Räumen als Schutzgas eingesetzt, so ist besonders zu berücksichtigen, dass es bei der Expansion zur elektrostatischen Aufladung neigt. Die Entladung der stat. Elektrizität kann zündfähige Funkenüberschläge erzeugen.

Unkenntnis bzw. Nichtbeachtung dieser Gefahrenquelle führte am 23. 9. 1954 auf einem Flugplatzgelände bei Bitburg/Eifel zu einer folgenschweren Explosion eines unterirdischen Mineralöltanks. Als die neu installierte CO_2-Löschanlage probeweise in Betrieb gesetzt wurde, kam es zu einer elektrostatischen Aufladung durch ausströmendes CO_2. Durch Funkenüberschlag wurde das im erst teilweise gefüllten, 5 000 m^3 fassenden Tank vorhandene explosible Treibstoffdampf/Luft-Gemisch gezündet und damit eine gewaltige Explosion ausgelöst, die den Tank völlig zerstörte. Dabei wurden 32 Teilnehmer der Vorführung getötet und 16 weitere verletzt.

Gegen Brände der Brandklasse D ist Kohlenstoffdioxid nicht geeignet, in der hohen Temperatur des Leichtmetallbrandes zersetzt sich CO_2 und fördert die Verbrennung durch Abspaltung von O_2 (siehe auch Kapitel 6.2.1). Außerdem zeigt es keinerlei Löschwirkung bei Metallbränden.

Beim Einsatz von Kohlenstoffdioxid in elektrischen Anlagen sind die in Tabelle 16 angegebenen Sicherheitsabstände zu beachten.

7 Sonstige Lösch- oder Behelfsmittel

7.1 Sand

Sand (Siliciumdioxid – SiO_2) besteht aus Mineralkörnchen, die durch Verwitterung entstanden sind. Der Durchmesser der Sandkörnchen liegt zwischen 0,002 und 2 mm. Nach der Korngröße unterscheidet man

Mehlsand (Schluff)	0,002	bis	0,02	mm	Durchmesser,
Feinsand (Silt)	0,02	bis	0,2	mm	Durchmesser,
Mittelsand	0,2	bis	0,6	mm	Durchmesser,
Grobsand (Grit)	0,6	bis	2,0	mm	Durchmesser.

Die verschiedenartigen Färbungen des Sandes sind auf geringfügige Beimengungen von Eisenoxid (braun, gelb), Kohlenstaub (dunkelbraun bis schwarz), Glaukonit (grünlich) u. a. zurückzuführen.

Wirtschaftliche Bedeutung hat der Sand vor allem zur Herstellung von Glas und Porzellan, als Formsand beim Metallguss, für Schleifmaterial und zur Verwendung in Sandstrahlgebläsen sowie in großem Maße im Bauwesen. Zum Löschen oder Abschirmen von Bränden eignet sich Sand besonders, wenn er in möglichst feiner Form vorliegt, wenn er also im Verhältnis zur Masse eine relativ große Oberfläche aufweist. Der feine Sand nimmt einerseits schneller Wärme auf als grober und ist andererseits weniger luftdurchlässig, sodass eine Abschirmwirkung besser erreicht werden kann.

Ersatzweise können anstelle von Sand auch andere Erden wie Ton, Mergel, Lehm oder sonstige Bodenarten verwendet werden.

Anwendungsbereiche

Die größte Bedeutung hat Sand beim Aufwerfen von Wällen oder Eingrenzungen zur Verhinderung der Ausbreitung von Flüssigkeiten (Mineralölen, Säuren usw.) bei Unfällen aller Art. Das gleiche gilt für die Anlage von Gräben oder Schneisen, die die Ausbreitung von Waldbränden verhindern sollen. Eine nicht geringe Bedeutung hat der Sand auch bei der Bekämpfung von Phosphorbränden. Der oft fein verteilte, brennende weiße Phosphor wird mit Sand abgedeckt und mit dem Sand ins Freie befördert, wo er ausbrennen kann. Beim Transport dieses Sand-Phosphor-Gemisches sind tunlichst Mulden zu verwenden, die von zwei Mann getragen werden. Wird der Behälter nur von einem Mann getragen, besteht die Gefahr, dass der Mann mit dem Phosphor in Berührung kommt und Phosphorteilchen auf die Kleidung oder die Haut bekommt.

Zum Löschen kleinerer Mengen von Stoffen der Brandklasse B (insbesondere von Stoffen mit hohem Flammpunkt, wie Fetten, Ölen, Teer usw.) ist Sand als Hilfsmittel geeignet. *Trockener* Sand (hier ist die Betonung auf trocken zu legen) ist als Hilfsmittel zur Bekämpfung von Bränden von Leichtmetalllegierungen brauchbar. Allerdings ist hierbei der Einsatz von Kochsalz weitaus wirksamer.

Zum Auffangen von Natriumtropfen aus leckgewordenen Leitungen können unbrennbare Behälter mit Sand aufgestellt werden. Hierbei ist besonders darauf zu achten, dass der Sand absolut trocken ist.

7.2 Graugussspäne

Früher wurden Graugussspäne manchmal zum Löschen von Leichtmetallbränden eingesetzt. Heutzutage haben sie keine Bedeutung mehr, weil Spezial-Löschmittel, insbesondere aber auch das gewöhnliche Kochsalz, weitaus wirksamer sind.

7.3 Schweröl

Zum Löschen von Leichtmetallbränden hat auch das Schweröl keine Bedeutung mehr. Dagegen wird es zum Kühlen von Leichtmetallteilen, insbesondere an spanabhebenden Werkzeugen, nach wie vor gebraucht. Seine Verwendung beschränkt sich heute also auf die Verhinderung von Bränden in der leichtmetallverarbeitenden Industrie.

7.4 Steinstaub

Steinstaub wurde früher hauptsächlich im Bergbau in so genannten Steinstaubsperren verwendet, die die Ausbreitung einer Explosion in den Strecken verhindern sollten. Derartige Explosionssperren werden heute mit Wasser, aufwendigere Explosionsunterdrückungsanlagen werden vornehmlich mit Löschpulvern betrieben.

7.5 Kochsalz

Die Bedeutung des Kochsalzes (Natriumchlorid (NaCl) – siehe auch Kapitel 4.5.1.1) als Löschmittel ist weiten Kreisen noch nicht bekannt geworden. Schon in den 60er Jahren wurden an der Landesfeuerwehrschule NW in Münster umfangreiche Versuche mit Kochsalz durchgeführt, die klar bewiesen haben, dass fast alle Leichtmetalle (einschl. Kalium und Natrium) mit gewöhnlichem Kochsalz gelöscht werden können. (Siehe Zeitschrift »Der Feuerwehrmann«, Nr. 8/65, S. 212.)

Das Kochsalz erreicht zwar nicht ganz die Löschwirkung der Sonderlöschpulver für Metallbrände (was wohl auf die Grobkörnigkeit des Salzes zurückzuführen ist), hat demgegenüber aber den Vorteil, dass es billig ist und daher in größeren Mengen bereitgehalten werden kann. Viehsalz, mit Eisenoxid denaturiertes Natriumchlorid, ist dem normalen Kochsalz gleichzusetzen. Auch bei kleineren Bränden der Brandklasse A kann Salz als Behelfslöschmittel verwendet werden.

7.6 Inertgase (Stickstoff, Argon)

Stickstoff (N_2) ist ein farb-, geschmack- und geruchloses inertes (reaktionsträges) Gas, welches weder brennbar noch giftig ist. Es kommt in der Luft (78,1 %) und chemisch gebunden im Eiweiß der Pflanzen und Tiere sowie in verschiedenen Mineralien vor. Die Gewinnung von Stickstoff erfolgt meistens aus der Luft (Fraktionierung von flüssiger Luft) oder aus Verbindungen durch Oxidation von Ammoniak.

Verwendet wird Stickstoff hauptsächlich als Rohstoff zur Synthese von Stickstoffverbindungen (vor allem Düngemittel), als Schutzgas bei technischen Prozessen, Treibgas sowie als Kühlmittel.

Als Löschmittel, z. B. in ortsfesten Löschanlagen, wird Stickstoff verwendet, wenn Brände durch aufsteigende Gase gelöscht werden können, da Stickstoff etwas leichter ist als Luft (Gewichtsverhältnis zur Luft 28:29). Einsatzbereich und Löschwirkung entsprechen etwa dem Kohlenstoffdioxid. Die beim CO_2 auftretende Gefahr, dass es sich in tiefer gelegenen Räumen sammelt und dort Menschen vergiftet, tritt beim Stickstoff aufgrund seiner geringeren Dichte nicht auf.

Als Nachteil gegenüber CO_2 ist zu werten, dass beim Stickstoff der Raumbedarf in Druckgas-Behältern etwa 2 bis 3 mal größer ist (verdichtetes Gas).

Argon ist ebenfalls ein farb-, geschmack- und geruchloses Gas. Es gehört zur Gruppe der Edelgase und kann bei der Verflüssigung der Luft als häufigstes Edelgas in nennenswerten Mengen gewonnen werden. Argon ist im Vergleich zu Stickstoff noch reaktionsträger. Es verhält sich im Brandfall derart inert, dass es sogar möglich ist, Metallbrände zu löschen, ohne dass wie bei anderen Löschgasen Reaktionen zu toxischen Verbindungen eingegangen werden. Die kritische Temperatur des Argon von −120 °C bedingt, dass es bei Normaltemperatur nur unter Druck verdichtet gelagert werden kann. Da es auch eine nicht unwesentlich höhere löschwirksame Konzentration erfordert, findet es nur in Sonderfällen als Löschmittel Verwendung.

7.7 Wasserdampf

Die Verwendung von Wasserdampf als Löschmittel gegen Brände der Brandklasse B (z. B. in ortsfesten Löschanlagen an kleineren Tanks) ist wirtschaftlich nur vertretbar, wenn der Dampf betriebsbedingt ohnehin anfällt und jederzeit bereitgehalten werden kann. Praktisch kommt diesem Lösch verfahre n heute keine Bedeutung mehr zu (siehe auch Kapitel 2.4).

8 Literaturverzeichnis

D'Ans-Lax, Taschenbuch für Chemiker und Physiker, Springer-Verlag, Berlin, 1967.

Gautsch, Das chemische Feuerlöschwesen in allen seinen Teilen, Lit. Institut Dr. Hüttler, München, 1891.

Herterich, Wasser als Löschmittel, Hüttig-Verlag, Heidelberg, 1960.

Hoffmann, AGF-Forschungsberichte Nr. 20 und Nr. 23, Eigenverlag, Forschungsstelle für Brandschutztechnik, Karlsruhe, 1971.

Klingsohr, Verbrennen und Löschen, »Die Roten Hefte« Nr. 1, Kohlhammer-Verlag, Stuttgart, 2002.

Kruse, Wasser, Osterwald-Verlag, Hannover, 1949.

Nabert-Schön, Sicherheitstechnische Kennzahlen brennbarer Gase und Dämpfe, Deutscher Eichverlag, Berlin, 1963.

Purt, Einführung in die Brandlehre, Rentsch-Verlag, Erlenbach-Zürich, 1970.

Rempe, Ortsfeste Löschanlagen, »Die Roten Hefte« Nr. 35, Kohlhammer-Verlag, Stuttgart, 1996.

Rempe, Praxishandbuch für den betrieblichen Brandschutz, WEKA, Kissing.

Rodewald, Brandlehre, Kohlhammer-Verlag, Stuttgart, 1998.

Römpp, Römpps-Chemie-Lexikon, Frank'sche Verlagshandlung, Stuttgart.

Schreiber/Porst, Löschmittel, Staatsverlag der DDR, Berlin, 1972.

VDE, VDE-Merkblatt 0132, VDE-Verlag, Berlin.

Kollektiv, Lexikon der Physik, Franckh'sche Verlagshandlung, Stuttgart, 1950.

Kollektiv, Das Feuerschutz- und Rettungswesen am Beginn des XX. Jahrhunderts, Eckstein Biographischer Verlag, Berlin, 1902.

9 Namen- und Sachregister